Gerold Miller

Mit freundlicher Unterstützung des Vereins der Freunde der Nationalgalerie und der DaimlerChrysler AG.

With kind support by the Verein der Freunde der Nationalgalerie and the DaimlerChrysler AG.

Gerold Miller. get ready

Kehrer Verlag Heidelberg
Nationalgalerie im Hamburger Bahnhof, Museum für Gegenwart – Berlin

Inhalt / *Contents*

(Seite 7 / *page 7*) hard:edged 51, 2002, Aluminium lackiert / *high-gloss painted aluminium*, 56 x 48 x 4 cm

Are you ready for *Gerold Miller. get ready*? oder: Warum der Realitätssinn nicht mehr, aber auch nicht weniger ist als die Fortsetzung des Wirklichkeitssinns mit anderen Mitteln *von Stephan Maier*

„Jedes Ende kann ein Anfang sein, auch für *dich* und für *mich*." Aus dem Titelsong zur Erfolgsserie *Dr. Stefan Frank. Der Arzt, dem die Frauen vertrauen* (Hervorhebungen durch den Autor). (Im sich nur allzu gerne in alle Richtungen ausdehnenden Feld der Gesamtveranstaltung Gegenwartskunst markieren die Arbeiten des deutschen Bildhauers Gerold Miller (geb. 1961) eine großzügig eingerichtete, weil großräumig angelegte Transitzone, in der das Spaceship Modernismus in entfernte Regionen navigiert wird, die noch nie ein Künstler gesichtet, geschweige denn betreten hat. (Gerold Millers minimalistische Wandapplikationen, die durch die Idee der Wittgenstein'schen Familienähnlichkeit als in sich ausdifferenzierte Werkgruppe angelegt sind, kokettieren mit der Erscheinungs- und Funktionsweise beinahe schon herkömmlicher, im Grunde genommen aber überhaupt nicht mehr handelsüblicher Rahmen und bringen dabei, weil sie allein für die potenzielle Bildwirkung verantwortlich gemacht werden können, die scheinbar unauflösbaren Dichotomien von Peripherie und Zentrum, Innen und Außen, Fläche und Raum ins Spiel mit „Wahrheit und Fiktion, Tatsache und Glaube". (W. J. T. Mitchell, Was wollen Bilder) (Der Rahmen aber, die Sache selbst oder das Bild an sich, ist als Latour'scher „Faktisch" (Fetisch + Faktum) und damit als hybride Form zwischen autonom und konstruiert, gefunden und gefertigt, zwischen Imitat und Produkt, jene lang gesuchte, aber selten gefundene Komplementärform zu testreihenartig erprobten Modellen und Errungenschaften des Projekts Moderne. Im Rahmen als Raum-Vor-/Raum-Nachzeichnung heben sich wesentliche Strategien und Taktiken des bildkünstlerischen Kosmos der Moderne, durch die Handlungsformen Monochromie und ready-made lückenlos ausgesteckt, unterschiedslos auf. Er ist die im Werk von Gerold Miller zum klassischen Substitut avancierte, in aller Lässigkeit und Gelassenheit zu durchschreitende Flaniermeile des Jahrmarkts der eitlen Oberflächlichkeiten, genannt Kunst, und deren Kultivierung im desinteressierten Wohlgefallen. (Über die Form des Rahmens wird die Autorität des Bildes, und damit seines Autors, an den Betrachter selbst delegiert. Der Rahmen propagiert eine genüsslich zelebrierte und selbstbewusst ausgelebte Ästhetik der Teilnahmslosigkeit. Denn Gerold Miller bietet in seiner Angebotspalette visueller Warteschleifen – immer in der Hoffnung, zum Kern der Sache vorzudringen – ein Höchstmaß eleganter Zurückhaltung, was marktschreierisch ausposaunte, optische Sensationen anbetrifft. Seine Räume, auch wenn sie noch so augenscheinlich knallbunt daherkommen, sind Lehrstunden in visueller Entropie, formal entschlackte und reduzierte Versprechungen – noblesse oblige. Minimale Formursachen verbrüdern/verschwistern sich mit maximaler Bildwirkung. (What you see is what you see is what you might see. (In Analogie zum Begriff der Landschaft als dem geordneten

Blick auf die Natur und Walter Benjamins Übertragung auf den urbanen Kosmos (Stadtschaft), könnte man von Raumschaften als sich selbst disziplinierenden Ordnungsprinzipien des Raumes sprechen, von Raumschaftsbildern, die die Unterschiede zwischen Architektur, Bildhauerei, Malerei und dem ganzen Rest nicht mehr kennen wollen, weil sie sich bis zum Überdruss an den Verstiegenheiten und Anmaßungen des ‚einen', des ‚letzten' Bildes gerieben haben. Gerold Millers Arbeiten sind wohltemperierter Ausdruck eines „ursprünglichen Chiasmus von Wirklichkeit und Bildhaftigkeit, der in einer gleichzeitigen Dinghaftigkeit der Bilder und Bildhaftigkeit der Dinge gründet." (Bernhard Waldenfels, Ordnungen des Sichtbaren) (Auch seine wandbezogenen Farbverläufe sowie der vermehrt praktizierte Zugriff auf die Werke inhaltlich ähnlich agierender Künstler argumentieren mit sattsam bekannten Themen und Techniken, aber eben nur noch (oder schon wieder) von deren Rändern und Randgebieten her (und zu diesen hin): Die sich seit ihren Anfängen in die theatralischen Höhen eines „Nur hier, und nicht anders" aufgeschwungene Minimal Art findet ihre sinnliche Ernüchterung in den kompromisslosen Buntfarbigkeiten der Pop Art und Trash-Kultur. Und die eher richtungslos und entwurzelt vor sich hin schlingernde Kunst der Appropriation findet ihr Pendant im konsequenten Rückgriff auf sorgsam gewählte Kunststücke und -fertigkeiten, die den Kosmos des Gesamtwerks pointiert um die Spirale des „ready-mades belong to everyone" hinaus erweitern. (In den Arbeiten von Gerold Miller taucht das längst vergessen geglaubte Kunstwerk in seiner ganzen Singularität und Vereinzelung nicht noch einmal aus der Klamottenkiste der Kunstgeschichte auf. Im selbstverantworteten Prozess radikaler Gegenbildprozesse erscheinen wichtige Eckpunkte einer rekonstruierten Geschichte des Modernismus, die eine individuell geprägte Gesamtschau als ready-made sichtbar, greifbar und damit angreifbar machen. Der Betrachter ist gleichberechtigter Co-Autor, nicht nur Mittäter und gefügiger Handlanger. Re-Vision der Moderne oder „Re-Forming the Future" meint derart nicht das Revival von Abstraktion und Konkretion im gemeinen/gemeinschaftlichen Abklatschverfahren. Gerold Millers künstlerische Arbeiten spüren dem ideellen Gehalt einer sich als abstrakt-konkret definierenden Kunst über Gegen-Bilder und Gegen-Formen nach. In ihnen ist der visionäre Kern des Modernismus gespeichert, aber eben nur in Form von subjektiv interpretierbaren An-, Hin- und Durchsichten. Die Metaphysik, jener ideologische Klotz am Bein der frühen Abstraktion, schwebt nicht länger über den längst geplünderten Gräbern der Moderne, sondern situiert sich in unmittelbarer Nachbarschaft der Dingwelt. Im Werk Gerold Millers bindet eine horizontale Achse bildkünstlerischer Findungen das Oben und Unten, das Davor und Dahinter in die schiere physikalische Präsenz des Jetzt, Hier und Heute ein. Das Objekt rettet in seiner puren Funktionalität das Dazwischen. (Aber wie meinte einst der Dichter: „Wenn man gut durch geöffnete Türen kommen will, muss man die Tatsache achten, dass sie einen festen Rahmen haben..." (Robert Musil, Der Mann ohne Eigenschaften) (And you should never forget: „...it's in the mix, in the mix..."

(Seite 11 / *page 11*) hard:edged 65, 2002, Aluminium lackiert / *high-gloss painted aluminium*, 70 x 60 x 5 cm

Are you ready for *Gerold Miller. get ready*? or: why a sense of reality is nothing more, but also nothing less than the continuation of another sense of reality by different means *by Stephan Maier*

„Every end can be a beginning, for *you* and *me* too." From the title song in the successful series *Dr. Stefan Frank. Der Arzt, dem die Frauen vertrauen* (The doctor that women trust; author's italics). (The field of the total event called contemporary art is very keen to expand in all directions. In it the works of the German sculptor Gerold Miller (born 1961) mark out a transit zone, generously fitted out because of its spaciousness. Here the spaceship Modernism is navigated into distant regions that no artist has ever seen, never mind visited. (Gerold Miller's minimalistic wall applications are organized as a work-group with internal differences, based on the idea of Wittgensteinian family resemblance. They flirt with the appearance and function modes of more or less traditional frames that are actually no longer part of standard practice at all. Because they alone are made responsible for the potential pictorial effect, they bring the apparently insoluble dichotomies of periphery and centre, inside and outside, two and three dimensions into play with „truth and fiction, fact and faith" (W. J. T. Mitchell, Was wollen Bilder). (But the frame, the thing itself or the picture as such, as a Latourian „factish" (fetish + fact), and thus as a hybrid form, lies somewhere between autonomous and constructed, found and made, between imitation and product. It is that long-sought but seldom found complementary form to the models and achievement of the Modernism project that have been tried out as if on a test bed. In the frame as a space-(pre-/post-) drawing, essential strategies and tactics of the pictorial-artistic cosmos of Modernism rise up without distinction, seamlessly marked out by monochrome colouring and the ready-made as action forms. The frame has advanced to be the classical substitute in the work of Gerold Miller. It has become the strolling area to be traversed casually and calmly within the fair of vain superficialities called art, to be cultivated in disinterested pleasure. (But the form of the frame delegates the authority of the picture, and thus of its author, to the viewers themselves. The frame propagates an enjoyably celebrated and self-confidently lived-out aesthetic of indifference. This is because within his range of visual turning loops – always in the hope of penetrating to the heart of the matter – Gerold Miller offers a high degree of elegant reticence in relation to optical sensations, vociferously trumpeted forth. His spaces, however apparently gaudily they may happen to come along, are lessons in visual entropy, formally cleansed and reduced promises – noblesse oblige. Minimal formal causes make themselves into brothers and sisters with maximum pictorial effect. (What you see is what you see is what you might see. (By analogy with the concept of landscape as an ordered look at nature, and Walter Benjamin's transfer of this to the urban cosmos (cityscape), it would be possible to speak of spacescapes as self-disciplining ordering principles of space, of spacescape pictures that no longer intend to acknowledge the differences between architecture, sculpture, painting and all the rest because they are completely fed up with rubbing up against the extravagances and presumptions of the ‚one, last' picture. Gerold Miller's works are the well-tempered expression of an „original chiasmus of reality and pictorial quality, based in a simultaneous thing-quality of the pictures and picture-quality of the things." (Bernhard Waldenfels, Ordnungen des Sichtbaren) (His wall-related colour sequences, and his increasingly frequent practice of accessing the works of artists operating similarly in terms of content, argues with all too familiar themes and techniques, but only just (and again) from (and towards) their edges and peripheral areas: Minimal Art, which from the outset set itself up to reach the theatrical heights of „only here, and not differently" finds its sensual disillusionment in the uncompromising bright colours of Pop Art and Trash Culture. And the art of appropriation, tending to lurch around, uprooted and without a sense of direction, finds its counterpart in a logical recourse to carefully selected works of art and artistic tricks that expand the cosmos of the complete work pointedly by adding the spiral of „ready-mades belong to everyone". (In Gerold Miller's work, the work of art, long thought forgotten, is dug up in all its singularity and isolation, and not out of the ark of art history. Important salients of a reconstructed history of Modernism appear within the self-responsible process of radical counter-image processes, making an individually shaped overall show of the ready-made visible, tangible and thus attackable. The viewer is a co-author with equal rights, not just an accomplice and compliant lackey. Re-vision of Modernism or „Re-Forming the Future" thus does not mean the revival of abstraction and concretion in a common/communal process of feeble imitations. Gerold Miller's artistic work is investigating the ideal content of an art that defines itself as abstract-concrete, via counter-images and counter-forms. The visionary core of Modernism is stored within them, but only in the form of subjectively interpretable views, aspects and checks. Metaphysics, that ideological millstone around the neck of early abstraction, no longer hovers over the long-since plundered tombs of Modernism, but places itself directly adjacent to the world of things. In the work of Gerold Miller, a horizontal axis of pictorial-artistic findings ties top and bottom, in front and behind into the almost physical presence of the now, here and today. The object in its pure functionality rescues what is in-between. (But as the writer once said: „If you want to come through open doors, you have to realize that they have solid frames..." (Robert Musil, Der Mann ohne Eigenschaften) (And you should never forget: „... it's in the mix, in the mix..."

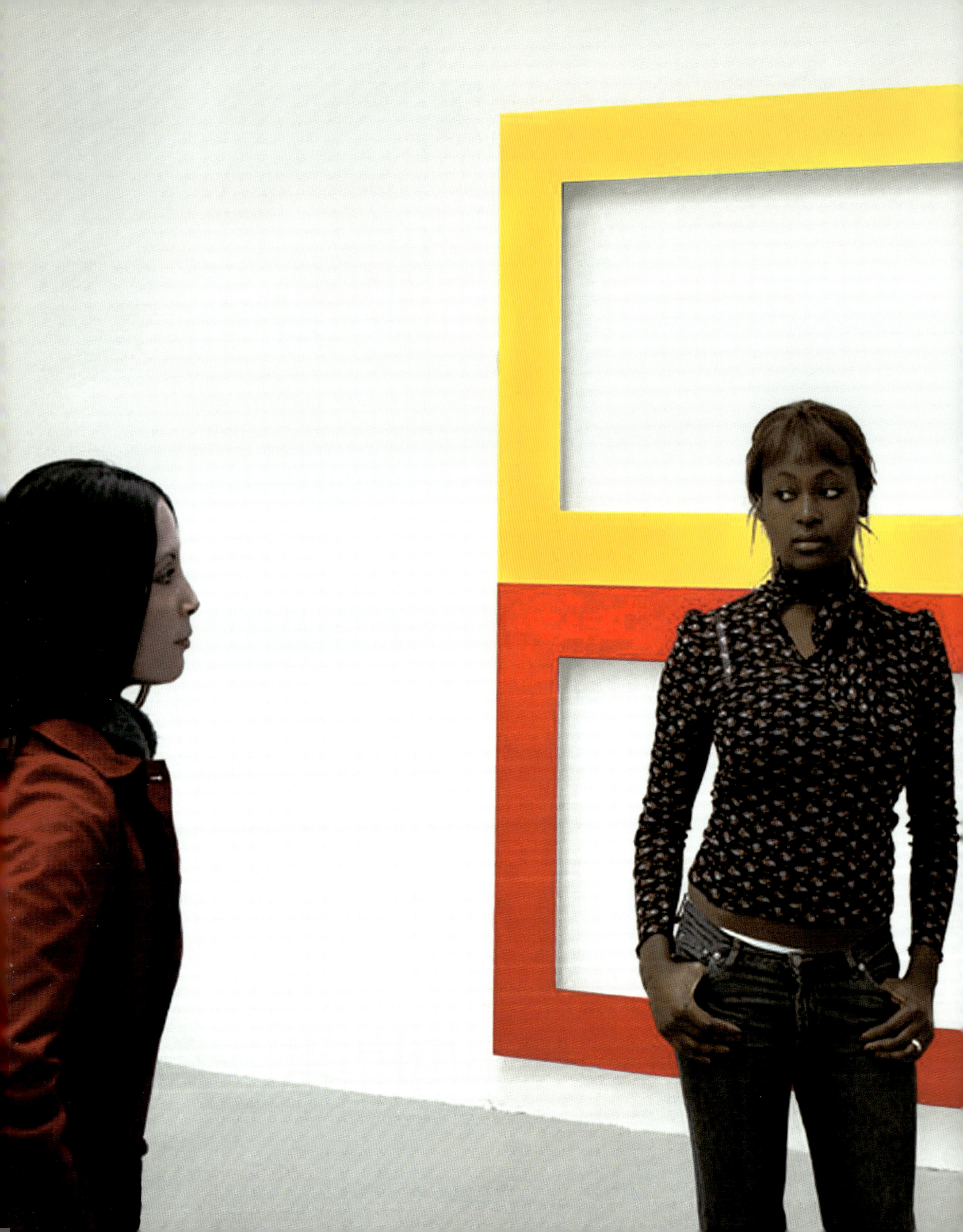

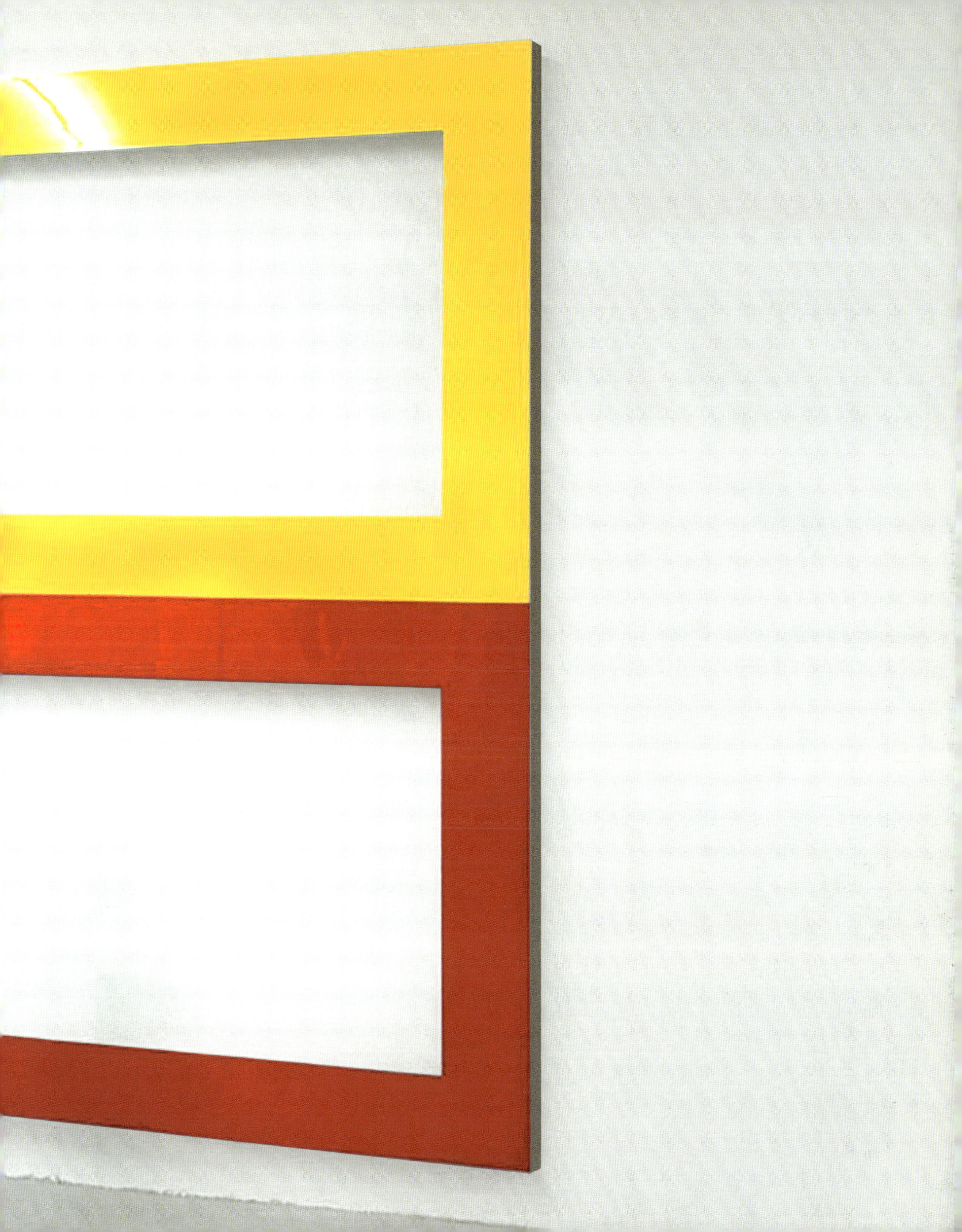

(Seite 14/15 / *page 14/15*) hard:edged 29, 2001,

Aluminium lackiert/*high-gloss painted aluminium*, 260 x 285 x 10 cm

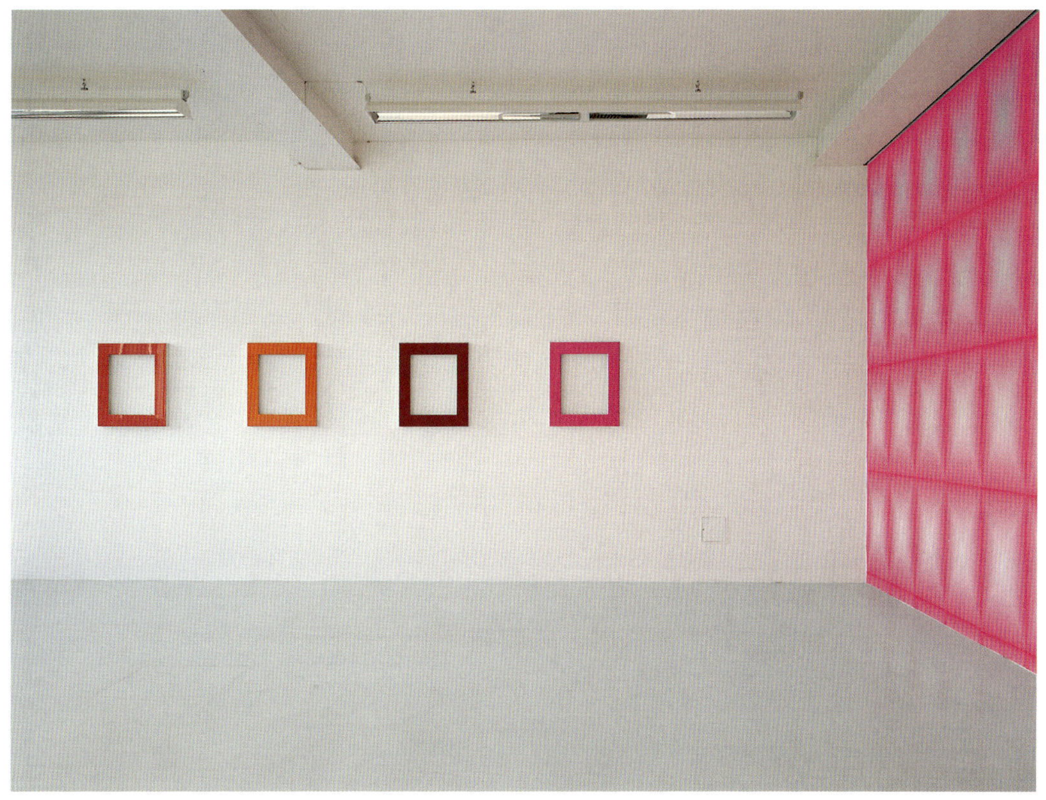

(Seite 17–19 / *page 17–19*) CCNOA Brüssel, 2001

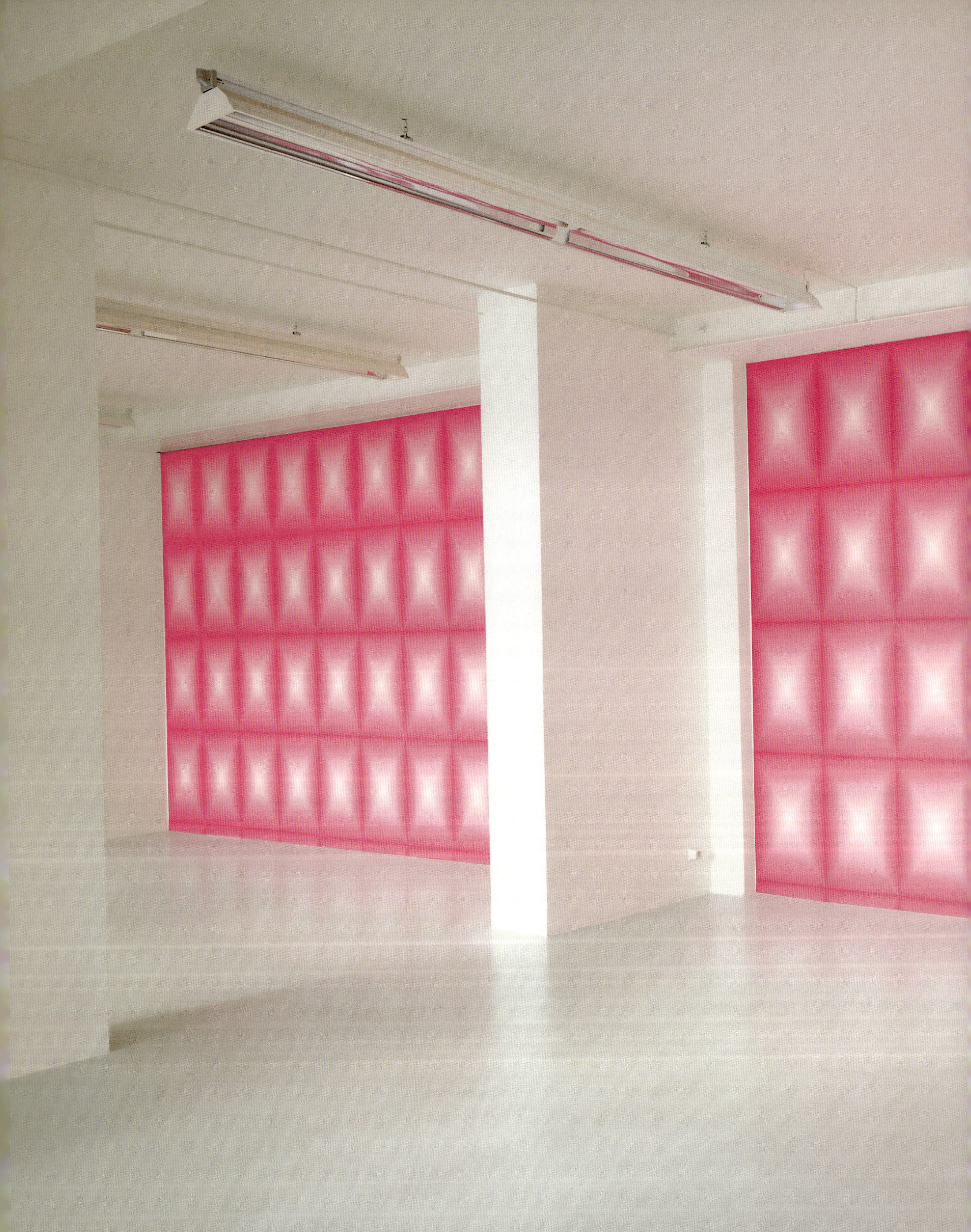

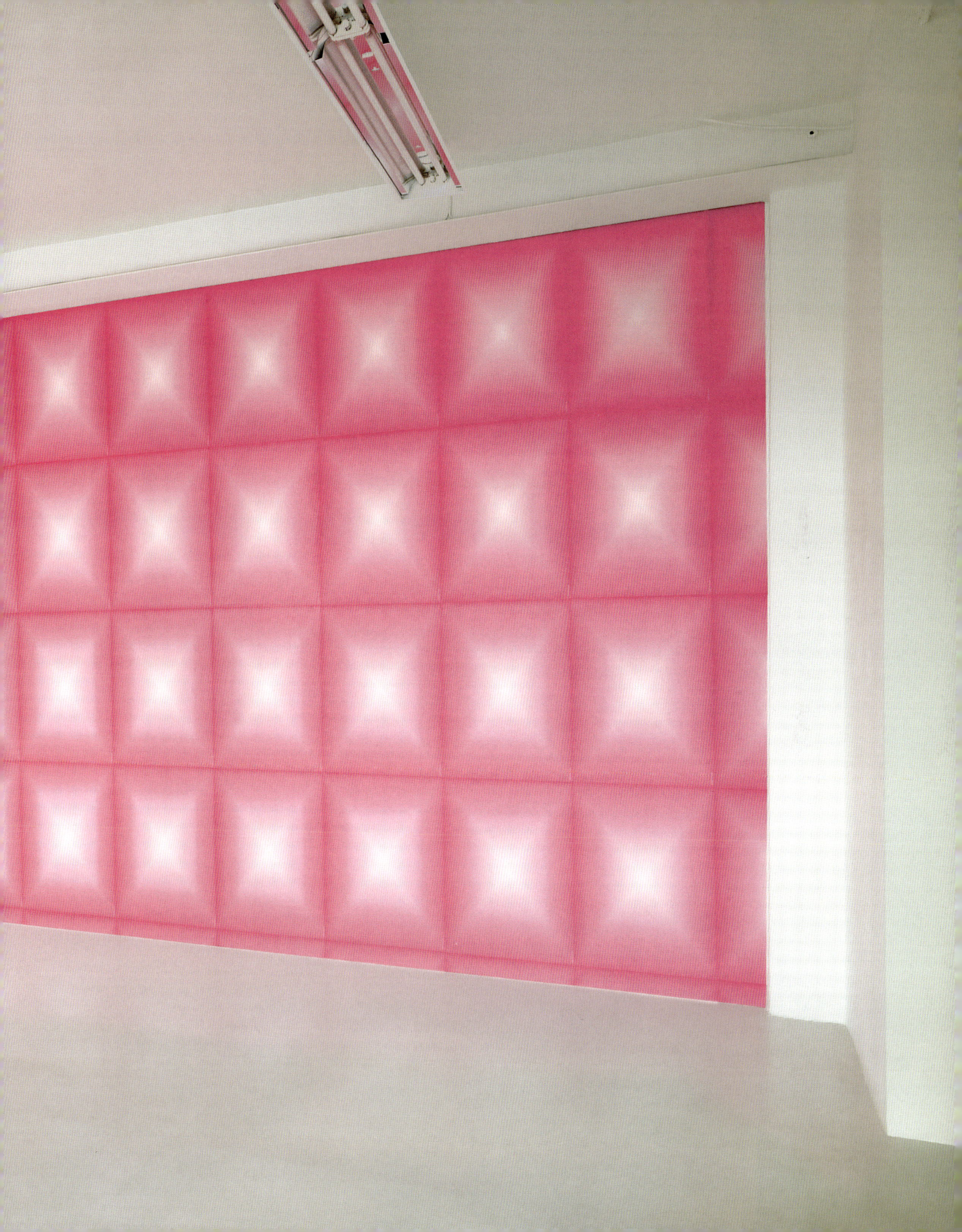

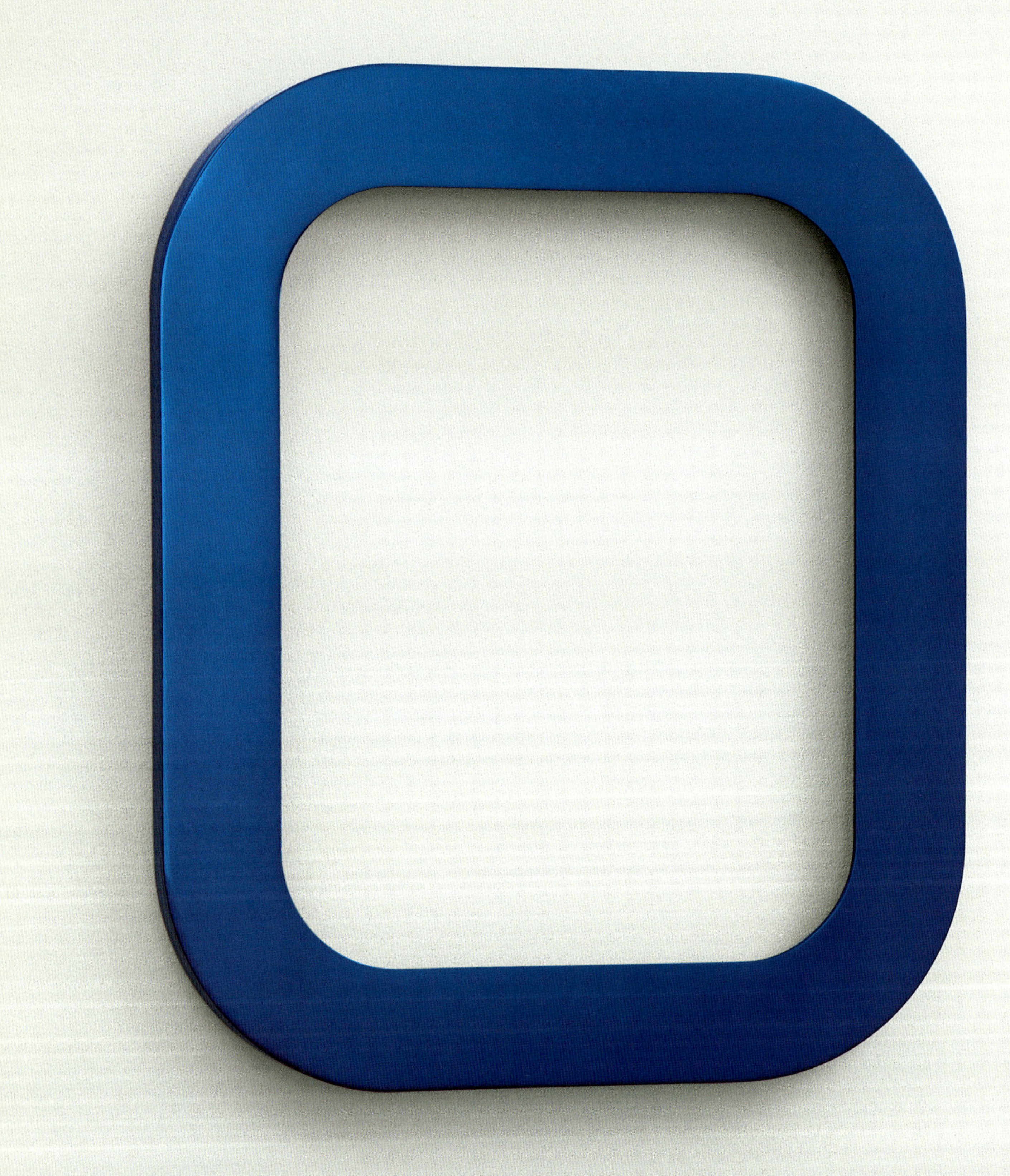

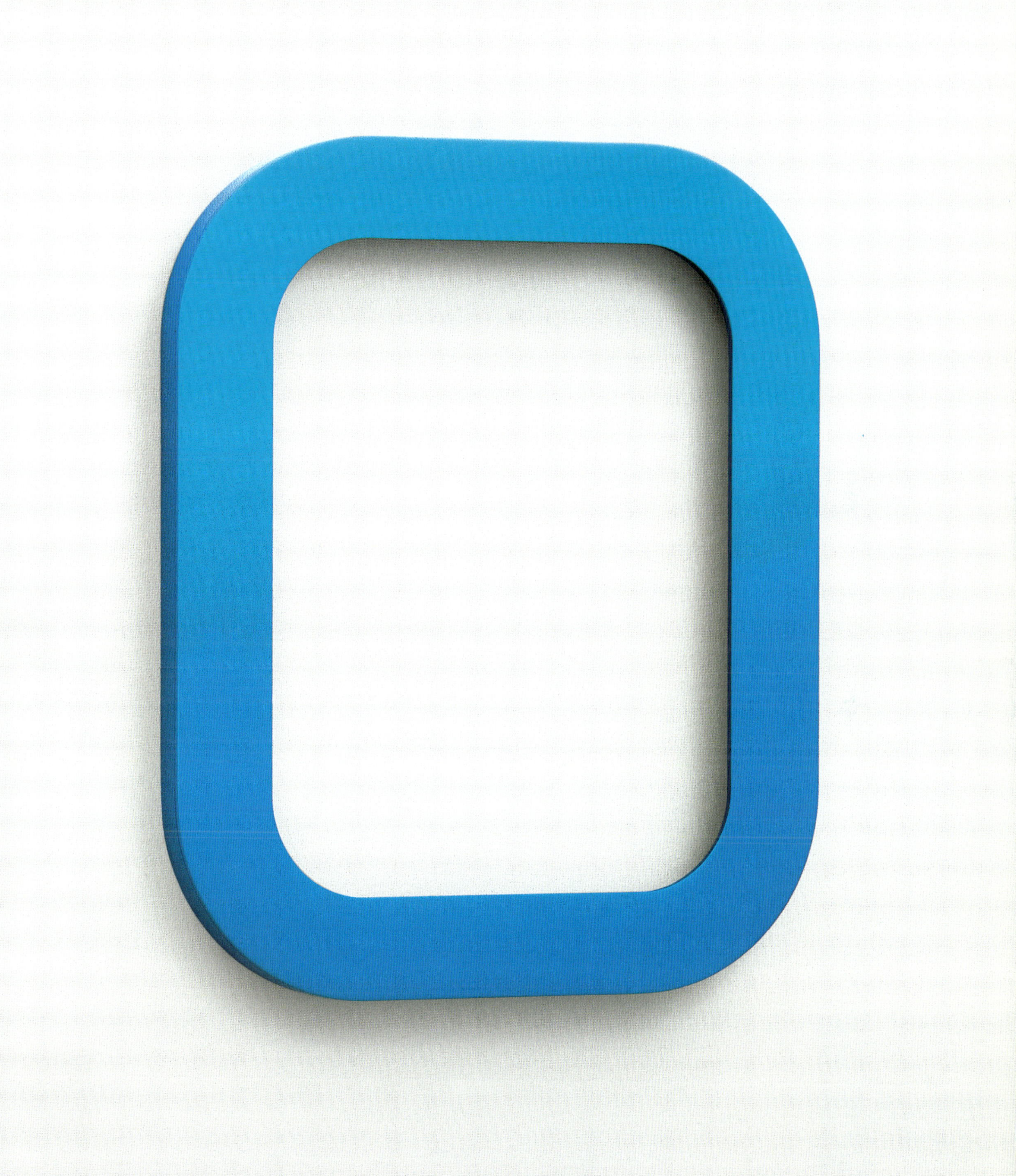

(Seite 20/21 / *page 20/21*) ready-mix c9/c10, 1999,

Aluminium eloxiert/*anodized aluminium*, je/*each* 50 x 42 x 3 cm

(Seite 23 / *page 23*) hard:edged 11, 2001,

Aluminium lackiert/*high-gloss painted aluminium*, 70 x 60 x 5 cm

(Seite 25 / *page 25*) hard:edged 7, 2000,

Aluminium lackiert/*high-gloss painted aluminium*, 70 x 60 x 5 cm

(Seite 26–29 / *page 26–29*) Galerie für Zeitgenössische Kunst, Leipzig, 1999

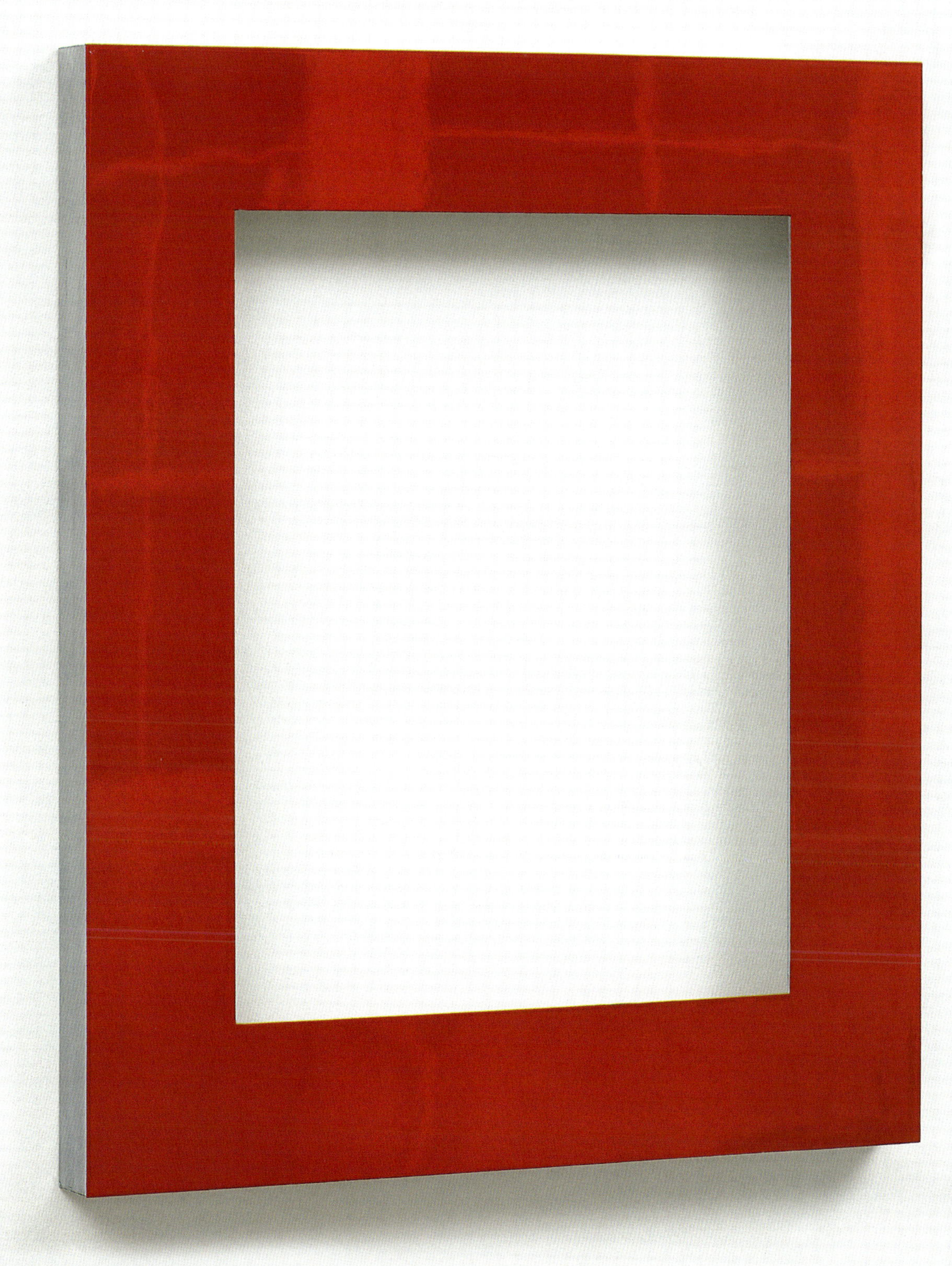

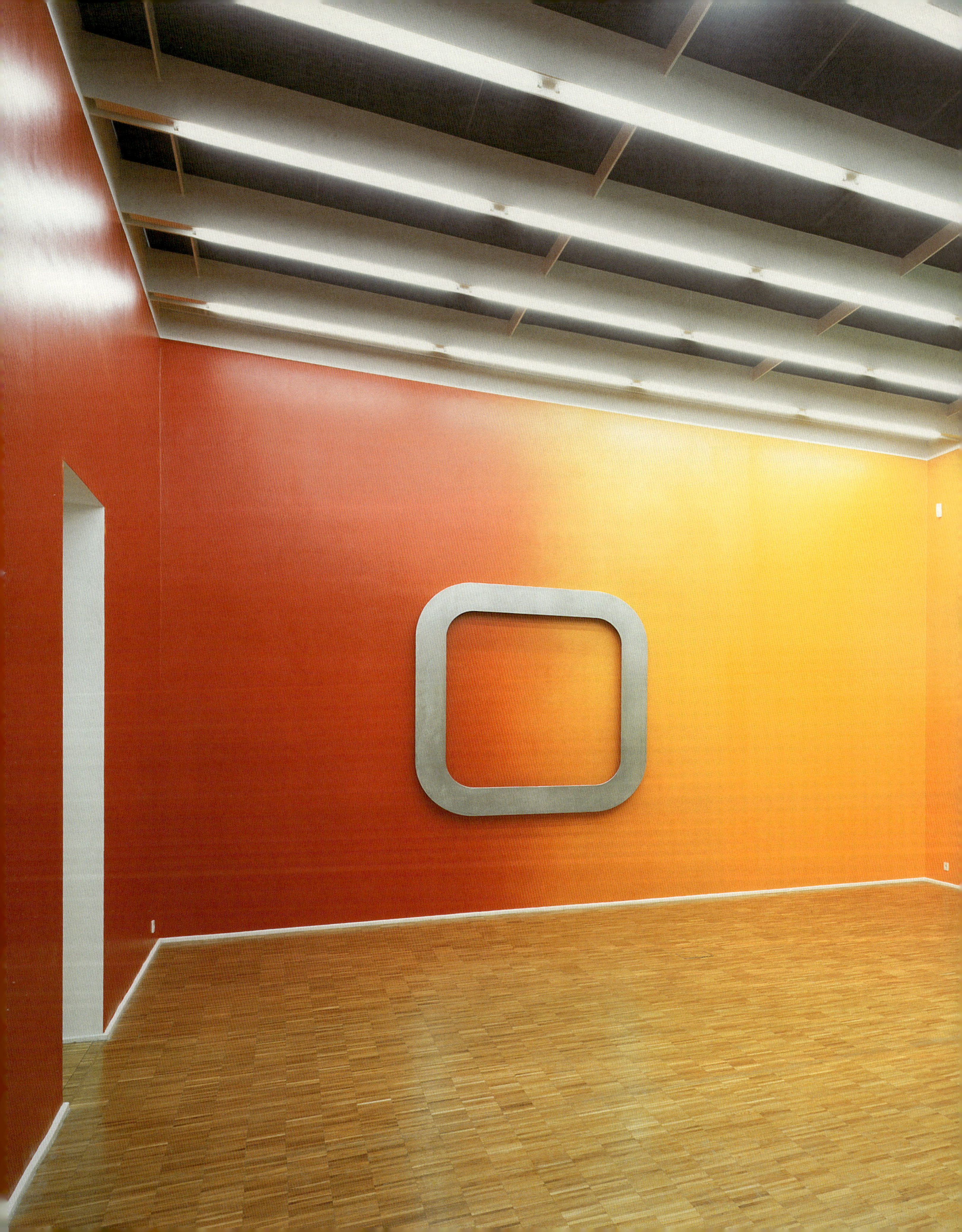

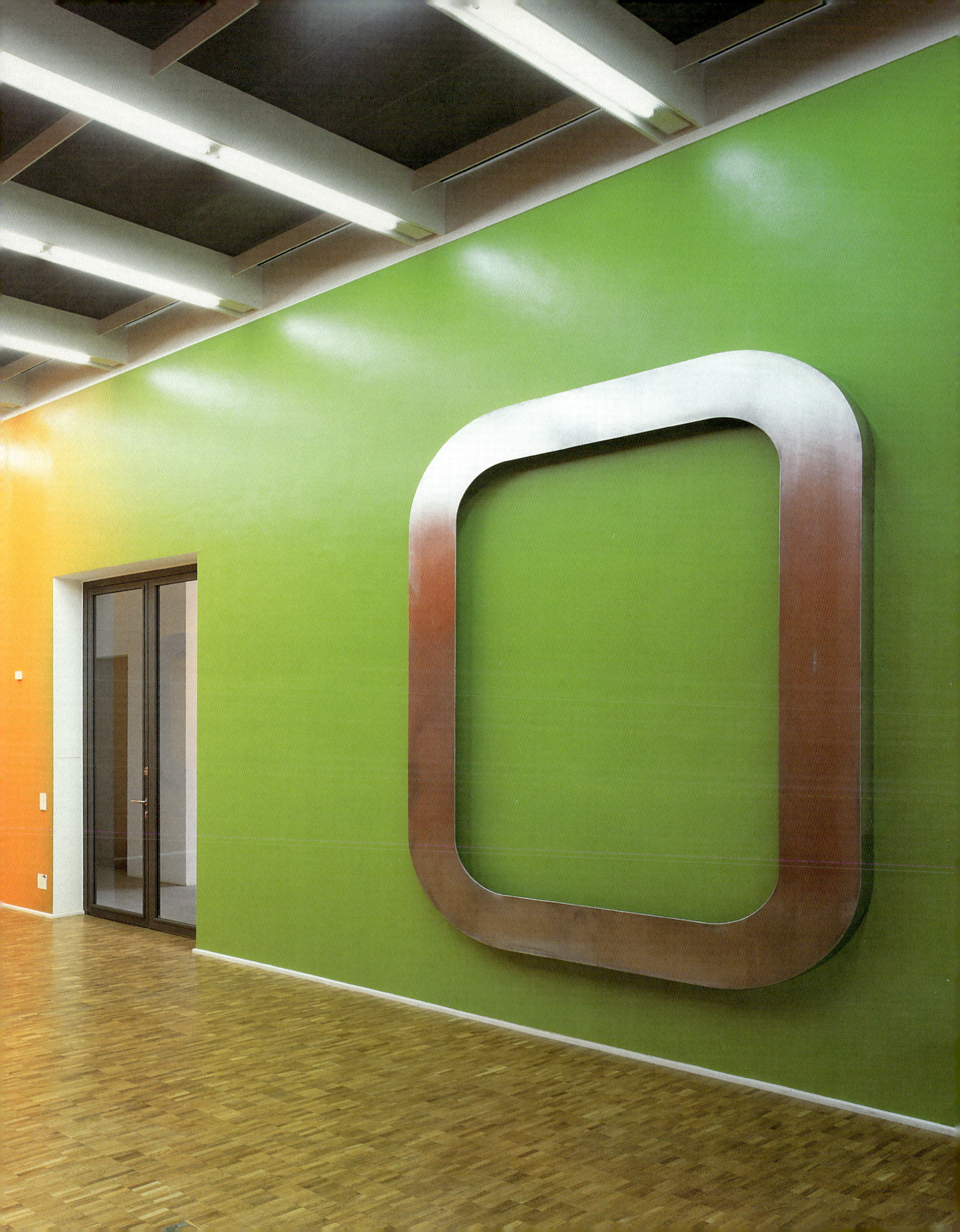

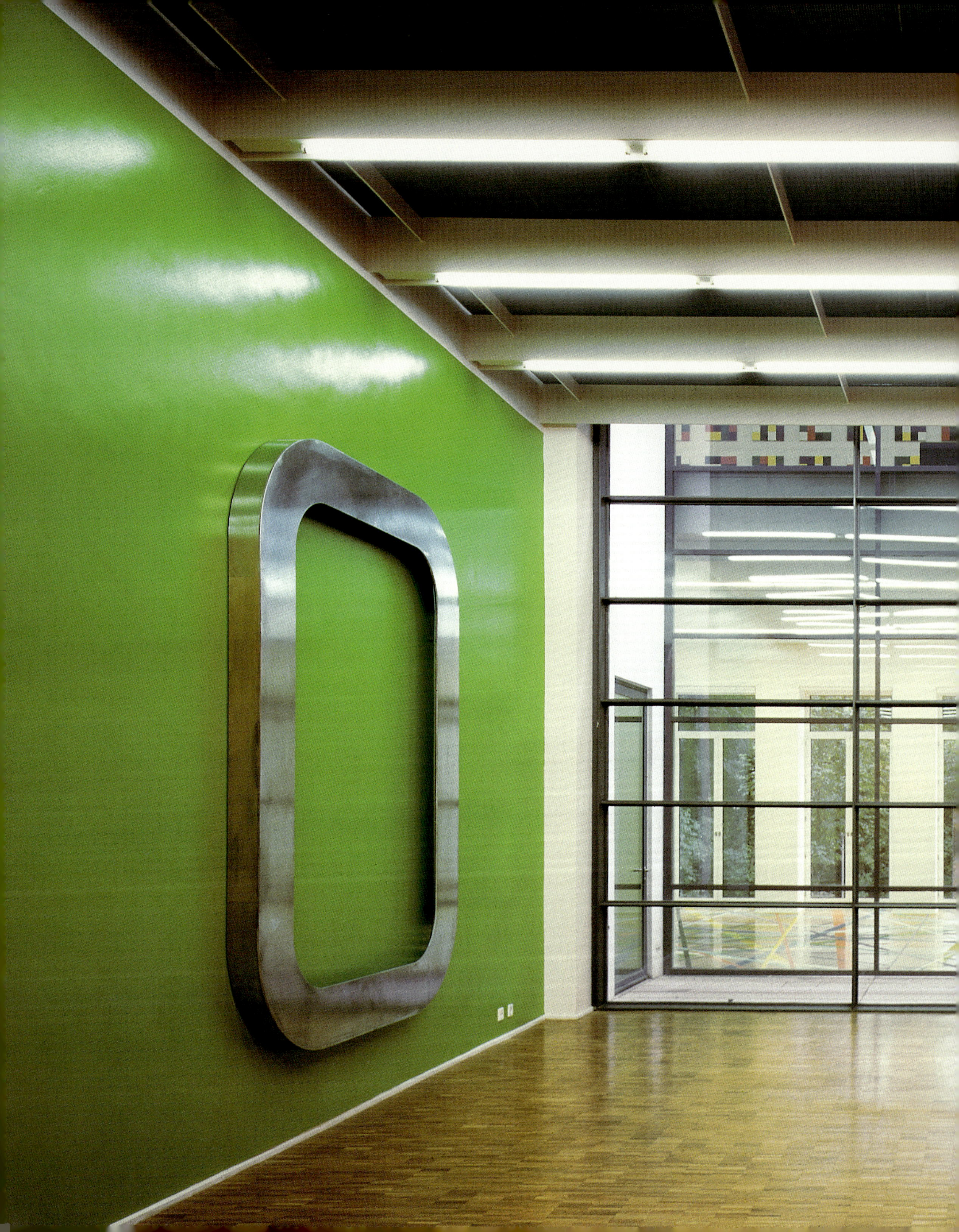

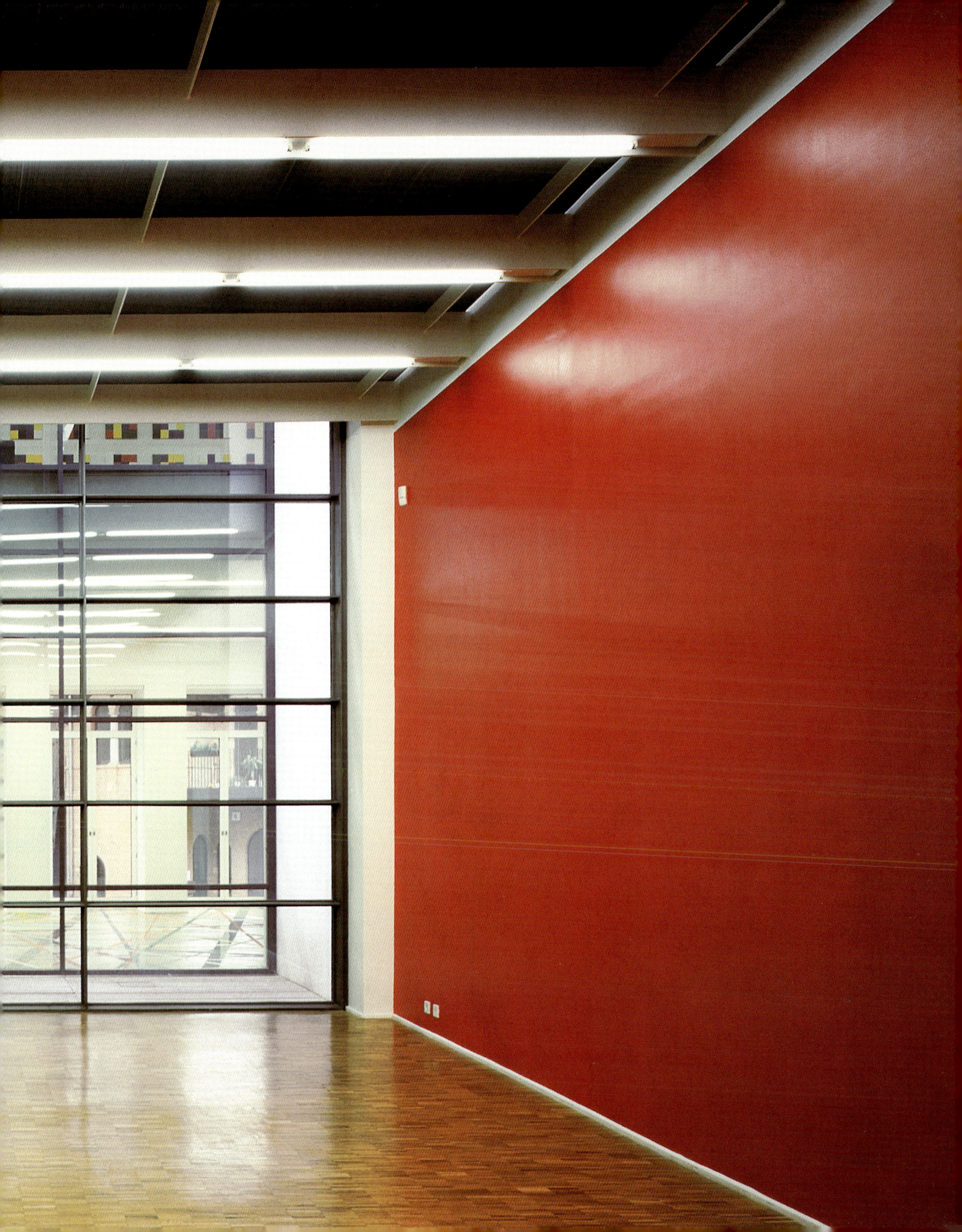

(Seite 30 / *page 30*) ready-mix c4, 1998, Aluminium poliert/*polished aluminium*, 50 x 43 x 3 cm

(Seite 31 / *page 31*) hard:edged 36 und/*and* 37, 2002,

Aluminium lackiert/*high-gloss painted aluminium*, je/*each* 70 x 60 x 5 cm

(Seite 32 / *page 32*) hard:edged 39, 2002,

Aluminium lackiert/*high-gloss painted aluminium*, 70 x 60 x 5 cm

Gerold Miller – oder wo werden wir hinkommen, wenn wir nicht mehr wissen, was ein Bild ist? *von Eugen Blume*

Wie können wir in einer Welt, in der alles Bild ist, wissen, was ein Bild ist? Alles um uns her gerinnt zu vorgeprägten Bildern. Wir sehen die Welt als medialisierte Bildfolgen, unser Blick in das, was wir leichthin Realität nennen, ist festgelegt von artifiziellen, wie immer entstandenen Bildmustern. Es sind Bilder ohne Rahmen, aus den Fugen geratene Fluten, die alles gnadenlos überschwemmen. Was an einem nachrichtlich präzise benannten Ort passiert, seine dramatische oder banale Dimension sei dahingestellt, wird unmittelbar in eine verwert- und manipulierbare Bilddatei übersetzt und millionenfach hinausgesendet an Orte, die mit dem Ort des Geschehens nichts gemein haben, die sich aber das Geschehen als Bild in die eigenen vier Wände holen. Man könnte fragen, wo sich diese frei vagabundierenden Bilder aufhalten. In unserem Kopf oder in der Wirklichkeit? (In „bildende Kunst" steckt das Wort bilden, ein Bild bilden, eine „flächige Darstellung von Personen und Dingen". Es ist ihre ursprüngliche Aufgabe, es war ihr Monopol, ein inzwischen verlorenes Terrain; die Schlacht haben die Massenmedien gewonnen. Das Bild als Konzept zu verstehen, scheint die nahe liegende Alternative und ein Feld, das nur die Kunst zu bearbeiten weiß. Elektronische und sonst welche Bildwerfer haben keine konzeptuellen Bildideen, wozu auch? Sie treten nicht an, wenn die Popularität in Gefahr gerät. Bild als Konzept heißt ein Gegenbild schaffen, eine Radikalisierung, die das Oberflächenbild in ein Denkbild hineinzieht, offen bleibt, sich allen Erzählformen verweigert, auch der ‚Erzählung' des Materials, wie es Donald Judd oder die Minimal Art versucht hat. (Gerold Millers Bildkonzept ist eine Herausforderung, die sich einerseits auf Kunstgeschichte als ready-made bezieht – von ihm selbst als Verweis in die erste der drei Raumsequenzen der Ausstellung *get ready* hineingestellt mit jeweils einem Werk von Peter Roehr und John McLaughlin –, andererseits aber aus der historischen Nachfolge des bereits ‚Gemachten' und der so genannten Minimal Art austritt. (In diesem Sinne heißt bezogen auf Millers Werkfolge Gegenwart herzustellen, jedwede kunsthistorische Nähe zu übersetzen in einen von den Zeitgenossen lesbaren Text. Wenn Miller mit dem Marcel Duchamp zugeschriebenen Begriff „ready-made" in unterschiedlichen Benennungen der eigenen Bewegungsformen operiert, so führt er den verschlissenen Begriff zurück in den Kunstkontext, aus dem er sich in unendlichen banalen Missverständnissen verabschiedet hat. Bereits Duchamp hatte eine höhere Vorstellung von „ready-made" als die, ein Porzellan-Pissoir zum Kunstwerk zu erklären. Der Witz lag nicht darin, die skulpturalen Qualitäten und Assoziationen eines simplen Gebrauchsgegenstandes zu behaupten, sondern den bereits gemachten Dingen, darunter selbstverständlich auch Kunstwerken, die Fähigkeit abzusprechen, über ihr So-Sein wesentlich hinausweisen zu können. Das Wesentliche war in dem Gegenstand nur noch Episode, es lag vor seiner ‚Realisierung' im Kopf desjenigen, der ihm diese Realität verordnete. Eine tat-

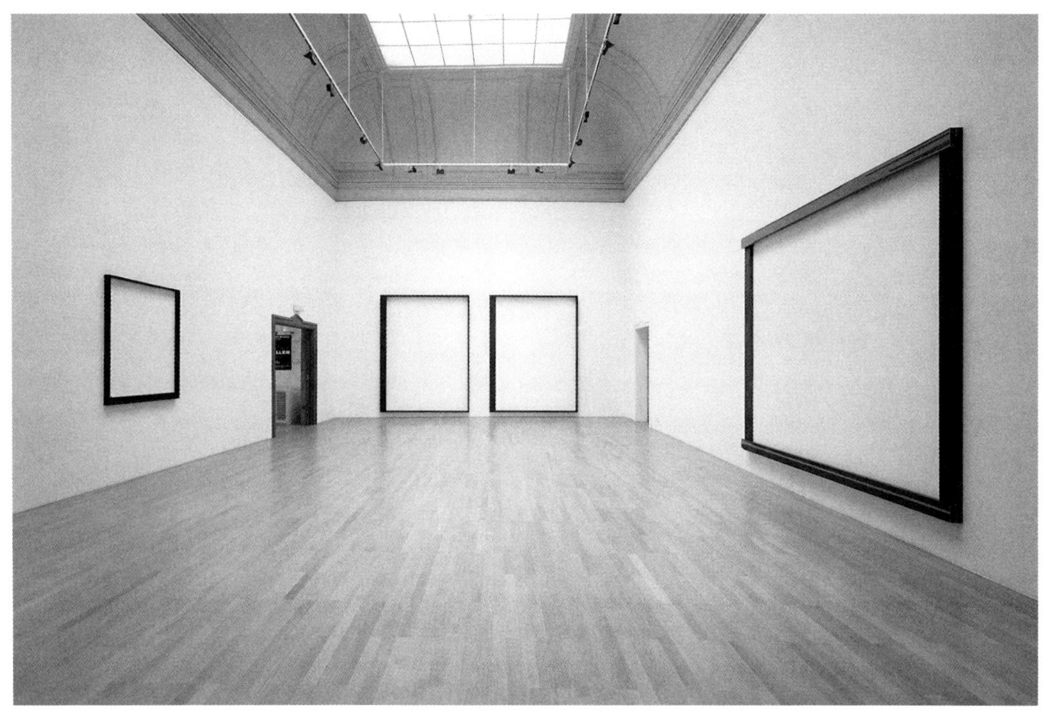

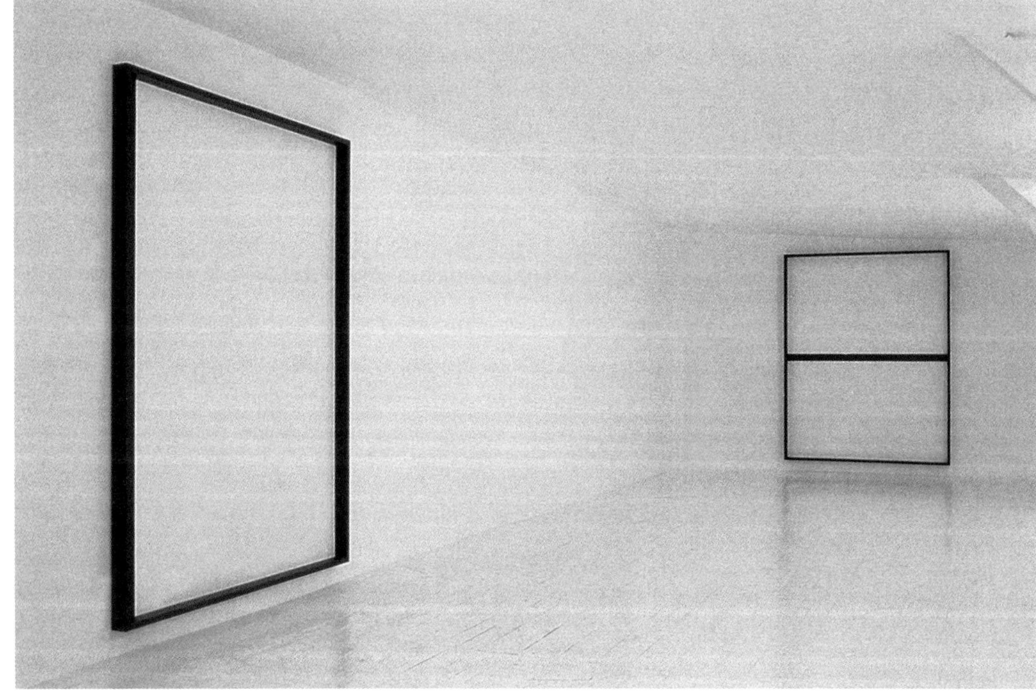

sächliche Verwandlung von einem Pissbecken in eine Skulptur mit allen ihr zugedachten Eigenschaften, etwa der Fähigkeit eine Aura zu behaupten, hat nie stattgefunden. Sie ist von der Kunstgeschichte in ihrem Verharmlosungswillen fabuliert worden. (Die Ironie, jenes Porzellan-Becken als Skulptur einzureichen, manifestierte sich in seiner absoluten Perfektion, die sich im Material und der Form über seinen Alltagsgebrauch hinaushob und es für den Kunstbetrieb als tauglich erscheinen ließ. Die leichte Verschiebung seines ihm zugedachten ursprünglichen Funktionszusammenhangs verdeutlichte im Grunde nicht nur die Absurdität seiner industriell erzeugten Makellosigkeit, sondern auch die Absurdität jeder konventionellen Skulptur. In der späten Wiederholung dieser Idee als Multiple, also einer nach einem ready-made gefertigten Serien-Skulptur, hat Duchamp in den dazu gelieferten exakten Konstruktionszeichnungen den Begriff des ready-made völlig ad absurdum geführt. (Natürlich geht es hier allein um den Bildbegriff, um das vermeintlich zu Sehende und um die Täuschungen, die sich in unserem beschränkten Erkenntnisvermögen leicht auszubreiten verstehen. Wenn Miller seine Wandskulpturen aus eloxiertem Aluminium als „ready-mix" bezeichnet, hebt er im Grunde auf dieses Prinzip ab, die Konstruktionszeichnung zu liefern, die Fertigung spezialisierten Produzenten zu überlassen und schließlich die Idee als Kunst zu behaupten. Die Idee selbst aber ist ein weitgefächerter Begriff und die Frage, was eine Idee trägt, führt wiederum zurück auf ein Ding, das wie immer diesem Konzept eine Gestalt verleiht. Die von Miller als „Anlagen" bezeichneten, an die Wand gehängten, geformten Metallrahmen fügen sich in ein Raumkonzept, das unterschiedlich strukturiert sein kann: der ‚leere' Raum des Museums, der gestaltete Raum einer Hotellobby oder der möblierte Raum einer Wohnung. Der bedeutungsfreie Metallrahmen bildet in diesen unterschiedlichen Raumkonzepten eine entscheidende Leerstelle, die sich jeder Interpretation verweigert. Sie ist außerhalb jedes Geschichtskontextes – den kunsthistorischen sollten wir hier vernachlässigen – Aufnahmeort des sich in diesen Räumen ergebenden sozialen Geschehens. Folgerichtig hat Miller in seinen Katalogen immer wieder Fotografien, die ein Geschehen in den Auftrittsräumen festhalten, aufgenommen oder bewusst den Werken Models zugeordnet, deren gestylte Perfektion auf die Leerstelle gleichsam korrespondierend zu antworten verstehen. Sie spiegeln als ein konzeptionelles, aber den Moden entsprechend flüchtiges Idealbild die bewusst erzeugte Inhalts- und damit Geschichtslosigkeit der Werke. Als menschgewordene leere Matrix verlängern sie *vor* den Werken lediglich den Designergedanken, ohne die Möglichkeit, *mit* den Werken wirklich reflexiv in ein soziales Feld eintreten zu können. Deutlich geht es, wenn Miller für seine Werke im weitesten Sinne soziale Intentionen beansprucht, um gebaute Räume als soziale Felder, denen er durch extreme Reduktionen keinerlei Vorgaben gibt, sondern in denen sich erst etwas ereignen soll. Das Ereignis findet sozusagen den Grund nur scheinbar im Werk, vielmehr wirft das Werk den in den Raum (in das Werk) Eintretenden unmittelbar auf sich zurück. (Thomas Bernhard hat in seinem Roman *Korrektur* dieser Art des Bauens in der Gegenüberstellung zweier Gebäude einen grandiosen Text gewidmet. Für unseren Zusammenhang ist lediglich sein Bezug auf die sogenannte Wittgenstein-Villa in Wien (die dreistöckige Villa, die Wittgenstein für seine Schwester Margarete Stonborough gebaut hat) interessant. Während das erste Haus Natur und Geschichte abbildet, ist der von Bernhard als „Wohnkegel" bezeichnete und sich auf Wittgenstein beziehende Bau ein logisch konstruiertes Gebilde, das jegliche Geschichte leugnet. In seiner Rationalität fehlt ihm, wie Wittgenstein mit Kierkegaard formulierte, die Gesundheit. Gesundheit bezeichnet hier seine fehlende soziale Dimension. Das Ziel eines solchen Baus ist es, wie Bernhard schreibt, zu beweisen, „dass eine solche Konstruktion, die vollkommenes Glück verursachen muss, möglich ist." In Parallele sind Millers geschichtslose, abstrakte Konstruktionen eben dieser Versuch, Vollkommenes industriell erzeugen zu lassen. In seinem konzeptionellen Ansatz aber, der sich auf den Kunstkontext bezieht, ironisiert er diese Idee durch das Fehlen jeglicher Utopie oder der Absenz des Bildes im herkömmlichen Sinne. Wittgensteins Utopie war, einen durchrationalisierten „Wohnkegel" als ideales, von jeder Geschichte befreites soziales Feld zu schaffen, in das einzutreten aber, wie Bernhard in seinem Roman folgerichtig schreibt, den Tod bedeutet. Die Schwester stirbt im Roman unmittelbar nach Fertigstellung des Hauses. Der konstruierte, makellose Raum schloss im Grunde den Menschen aus, als Wohnraum gedacht, verwandelte sich seine Idealität in einen tödlichen Zynismus. (In den Ausstellungsraum von Miller einzutreten, bedeutet sich eines Bildbegriffs bewusst zu werden, der sich nicht ausschließlich über das Sehen einstellt, der sich in seiner Verweigerung, Bildlichkeit zu bedienen, in den Raum ausdehnt, seine von ihm verlangte Zweidimensionalität leichthin aufgibt und als Denkraum die Dimensionen zugunsten einer dritten, vielleicht auch vierten erweitert.

(Seite 34 oben / *page 34 top*) Kunsthalle Winterthur, 1996

(Seite 34 unten / *page 34 bottom*) Kunstraum G7, Mannheim, 1994

Gerold Miller – Or what will become of us if we don't know what a picture is any more? *by Eugen Blume*

Everything is a picture in this world, so how can we know what a picture is? Everything around us ends up as a pre-determined picture. We see the world in mediatized picture sequences. Artificial picture patterns fix our view of what we call reality without really thinking about it, and they can be put together any old how. They are pictures without frames, completely chaotic floods, relentlessly breaking their banks. Something happens in the news, in a precisely identified place. No matter whether the incident turns out to be dramatic or banal, it is immediately captured in a picture-file. This can be evaluated and manipulated, then broadcast a million times over to places that have nothing in common with the place where it all happened, but the events come rushing inside their own four walls. You could ask where these pictures that find there way around so easily are actually located? Is it in our heads, or in reality? (The German expression „bildende Kunst", fine art, contains the word „bilden", to form, „ein Bild bilden", forming a „Bild", a picture, a „two-dimensional representation of people and things". Picture-making was fine art's first task, it had the monopoly; it has now lost that terrain: the mass media have won the battle. Seeing the picture as a concept seems to be a plausible alternative, and a field that only art can handle. Electronic and other picture projectors do not have conceptual pictorial ideas, and why should they anyway? They do not report for duty when popularity seems to be on the wane. A picture as a concept means creating a counter-picture, a radical view that draws the surface picture into a mental picture, remains open, refuses all narrative forms, even the ‚narrative' of the material, which Donald Judd or Minimal Art tried out. (Gerold Miller's concept of the picture is a challenge that relates to art history as a ready-made – which he himself placed as a reference in the first of the three spatial sequences in the *get ready* exhibition, with a work each from Peter Roehr and John McLaughlin –, but he also stepped outside the historical sequence of what was already ‚made' and so-called Minimal Art. (In this sense, creating the present, in relation to Miller's sequence of work, means translating any sense of art-historical proximity into a text that can be read by contemporaries. When Miller operates with the „ready-made" concept attributed to Marcel Duchamp using different definitions of his own forms of movement, he is taking the well-worn concept back into the art context from which it has already departed in a series of infinitely banal misunderstandings. Even Duchamp saw more in the idea of the „ready-made" than declaring that a porcelain urinal was a work of art. The point was not to assert the sculptural qualities and associations of a simple everyday object. It was to deprive things that had already been made, which of course included works of art, of the ability to be able to transcend being as they were. The essential was only an episode in the object; before the object was ‚realized', the essential lay in the mind of the person who prescribed this reality for it. There had been no actual transformation

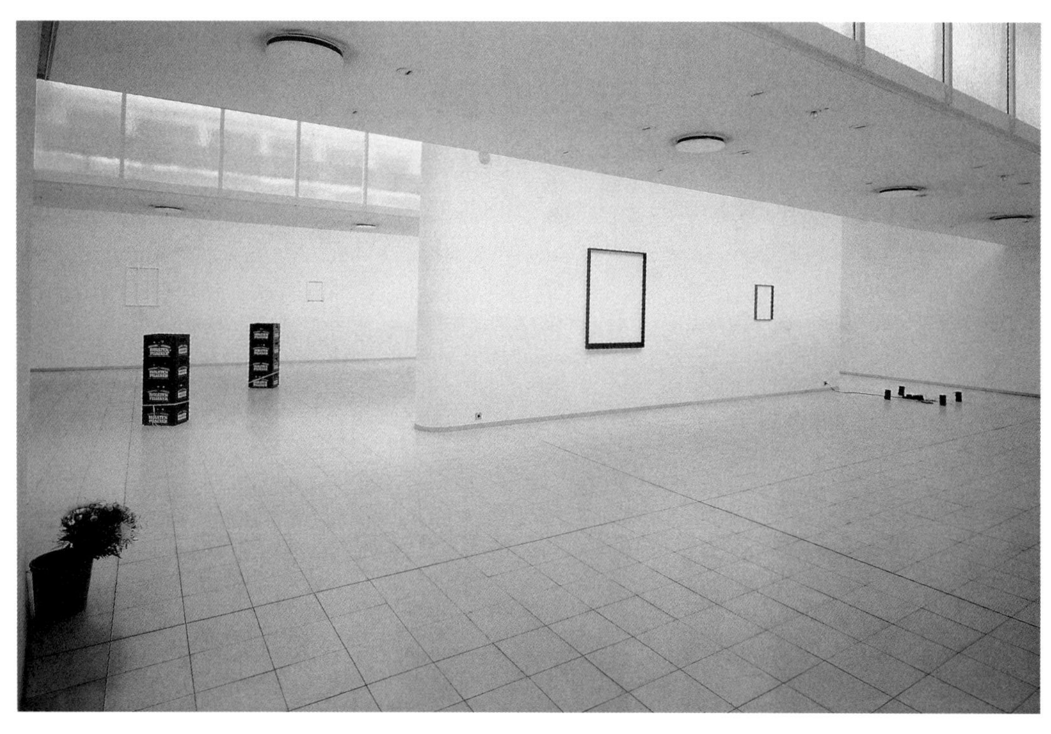

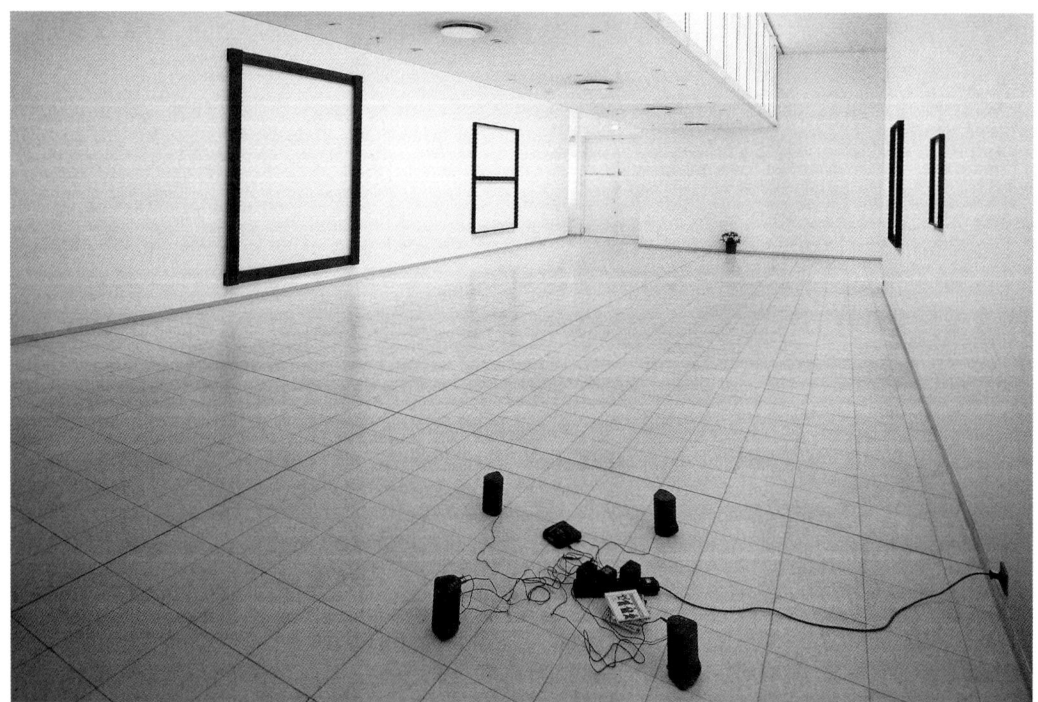

of a urinal into a sculpture with all the qualities that this entails, like for example the ability to assert an aura. That is something that art history made up for itself later, in its desire to play everything down. (The irony of submitting that porcelain receptacle as a piece of sculpture manifested itself in its absolute perfection. This asserted itself in material and form over and above its everyday use and made it seem viable for the world of art. The slight shift in the functional context for which it was originally intended did not only reveal the absurdity of its industrially produced immaculateness, but also revealed the absurdity of any conventional sculpture. In the late repetition of this idea as a multiple, in other words a series sculpture based on a ready-made, Duchamp took the concept of the ready-made to the point of absurdity by supplying precise construction drawings for the project. (Of course we are concerned here with the concept of the picture, what we assume we can see and the delusions that can easily spread within our limited field of cognition. When Miller calls his anodized aluminium sculptures „ready-mix“, he is essentially stressing this principle of providing the construction drawing, leaving making the work to specialist producers and finally asserting that the idea is art. But the idea is itself a very broad concept, and the question of what carries an idea comes back in its turn to a thing that no matter how gives this concept a form. The shaped metal frames that Miller calls „Anlagen“, which are hung on walls, fit into a spatial concept that can be structured in different ways: the ‚empty‘ space of a museum, the designed space of a hotel lobby or the furnished space of a home. In these different space concepts, the meaningless metal frame forms a definite empty space that refuses any interpretation. It is outside any historical context – we will leave the art-historical context out altogether here – and becomes a place where the social events that take place in this space are accepted. Consistently with this, Miller always publishes photographs in his catalogues that capture an event in the rooms where the works appear or deliberately relates the works to models whose styled perfection could respond to the empty space appropriately, as it were. As a conceptual, ideal picture, but one that relates to fashion, they reflect the works' deliberately created lack of content, and therefore their lack of history. As an empty matrix that has become a person, they simply extend the designer idea *in front of* the works, without really being able to enter into a social field *with* the works in a really reflexive way. When Miller claims social intentions in the widest sense for his works, it is quite clear that this is about constructed spaces as social fields. He provides these with no guide-lines as a result of extreme reduction, but something is supposed to happen in them. The event merely seems to find its reason in the work. In fact the work throws the person entering the space (entering the work) directly back on him- or herself. (In his novel *Korrektur* (Correction), Thomas Bernhard provided a magnificent text about this kind of construction by juxtaposing two buildings. In our context, the interesting feature is his reference to the so-called Wittgenstein Villa in Vienna (the three-storey villa that Wittgenstein built for his sister Margarete Stonborough). The first building illustrates nature and history. The second building is the one that Bernhard calls a

„residential cone". It relates to Wittgenstein as a logical structure that denies any history. In its rationality, as Wittgenstein formulated with Kierkegaard, it is lacking in any health. Health here defines its missing social dimension. The aim of a building like this, as Bernhard writes, is to prove „that such a construction, one that has to bring about perfect happiness, is possible". In parallel, Miller's history-less, abstract constructions are precisely this attempt to create something perfect industrially. But in his conceptual approach, which relates to the art context, he ironizes this idea through the lack of any Utopia or the absence of a picture in the traditional sense. Wittgenstein's Utopia was to create a thoroughly rationalized, „residential cone" as an ideal social field, liberated from any history. However, entering it, as Bernhard logically describes in his novel, means death. In the novel, the sister dies immediately after the house is completed. The problem was that the constructed, immaculate space excluded people. It was intended as a space to live in, but its ideal quality was transformed into a deadly cynicism. (Entering Miller's exhibition space means becoming aware of a picture concept that is not induced exclusively by seeing, one that extends into the space in its refusal to serve pictorial quality, easily abandons the two-dimensional quality that is demanded of it, and as a thought range extends the dimensions in favour of a third, and possibly also a fourth.

(Seite 38 / *page 38*) Stadtgalerie Kiel, 1997

(Seite 41 / *page 41*) Anlage 172, 2000, Stahl/Lack/*steel/paint*, 90 x 75 x 6 cm

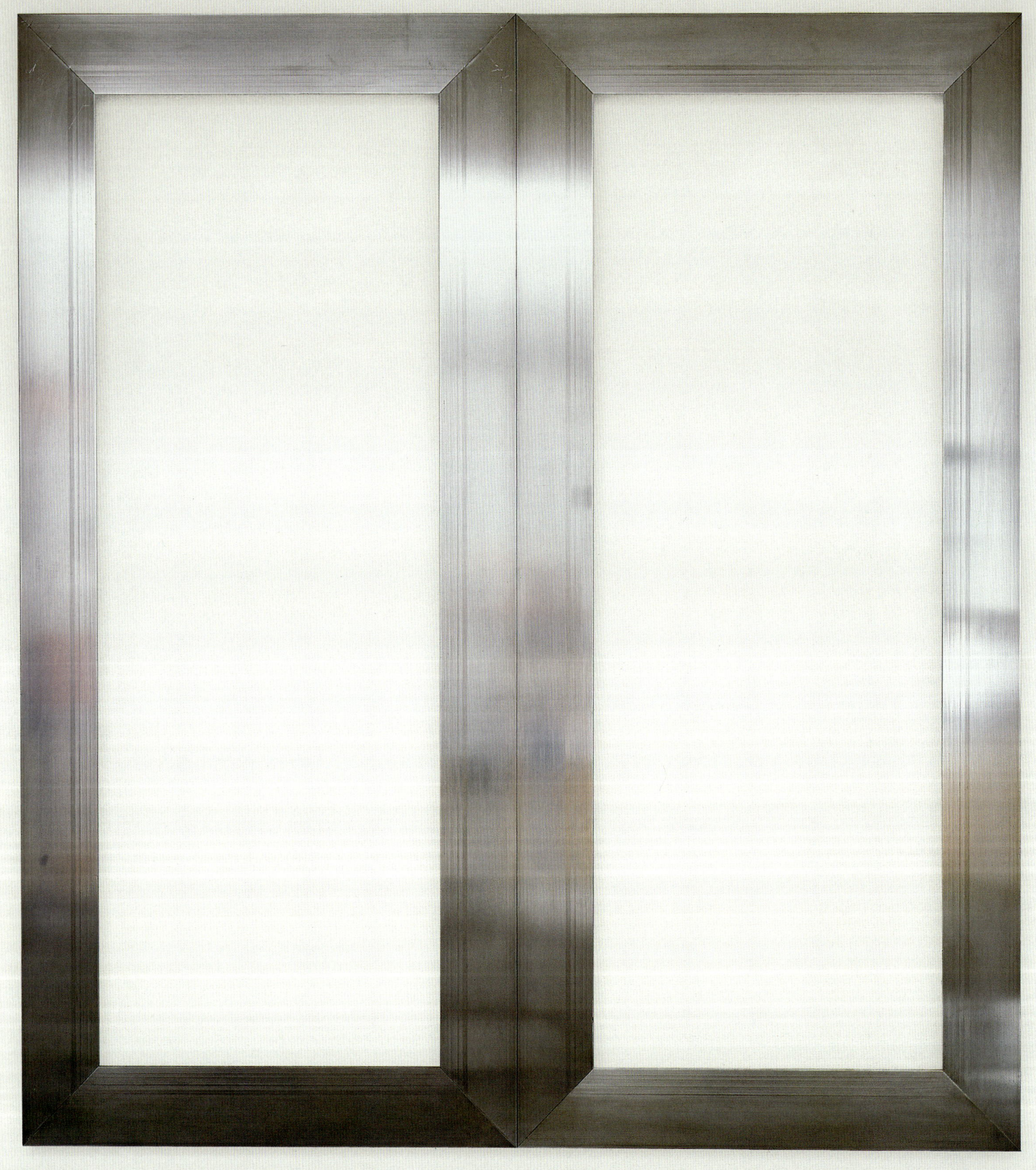

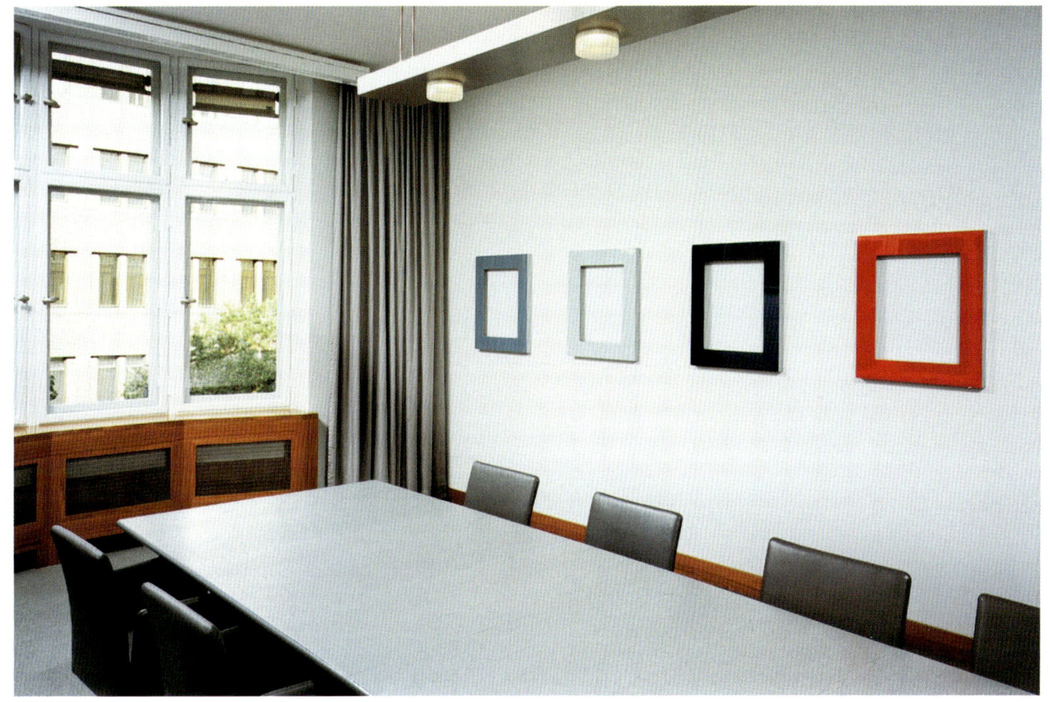

(Seite 42 / *page 42*) hard:edged 40, 2002, Aluminium/*aluminium*, 285 x 260 x 10 cm

(Seite 43 / *page 43*) hard:edged 1–4, 2000,

Aluminium lackiert/*high-gloss painted aluminium*, je/*each* 70 x 60 x 5 cm

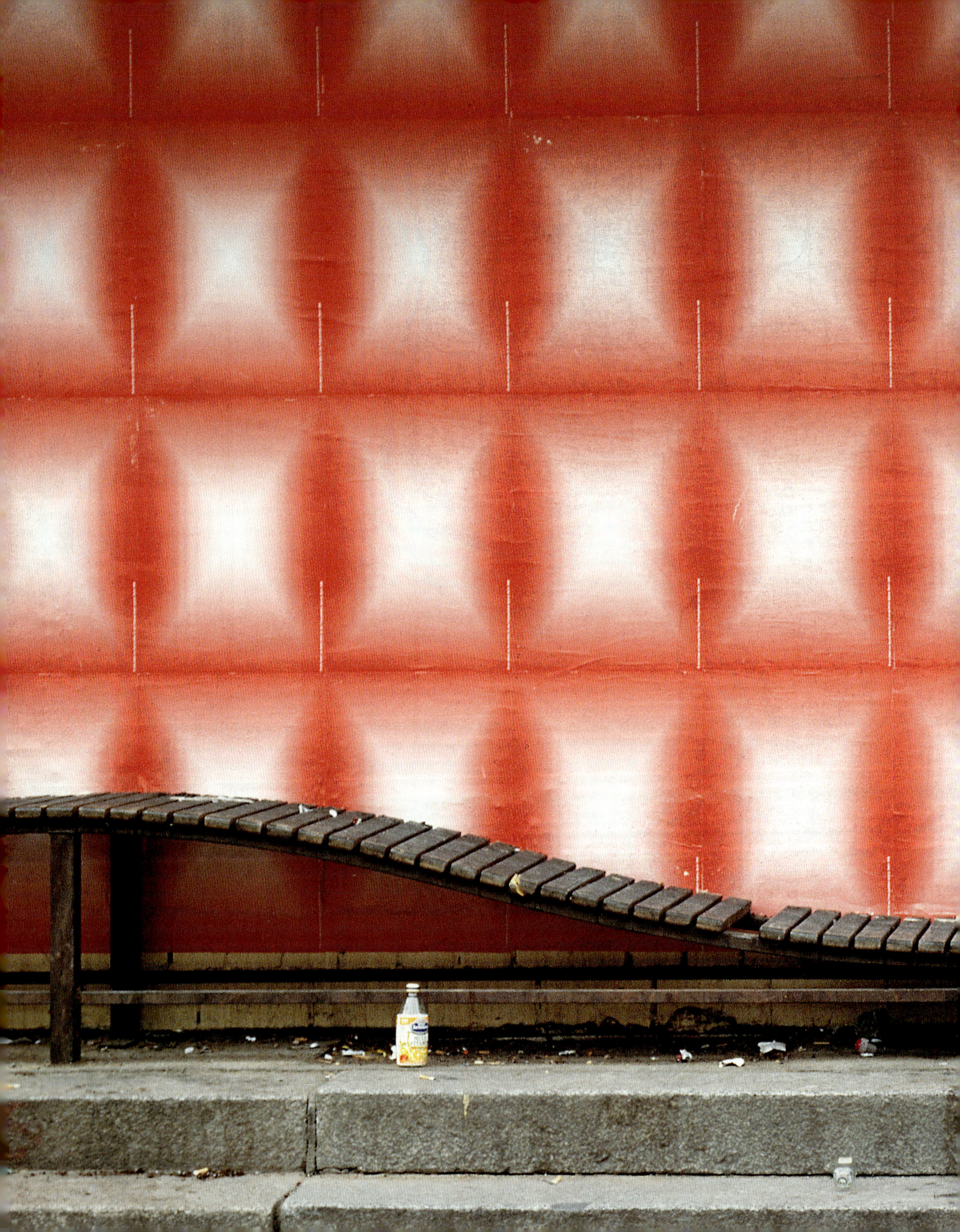

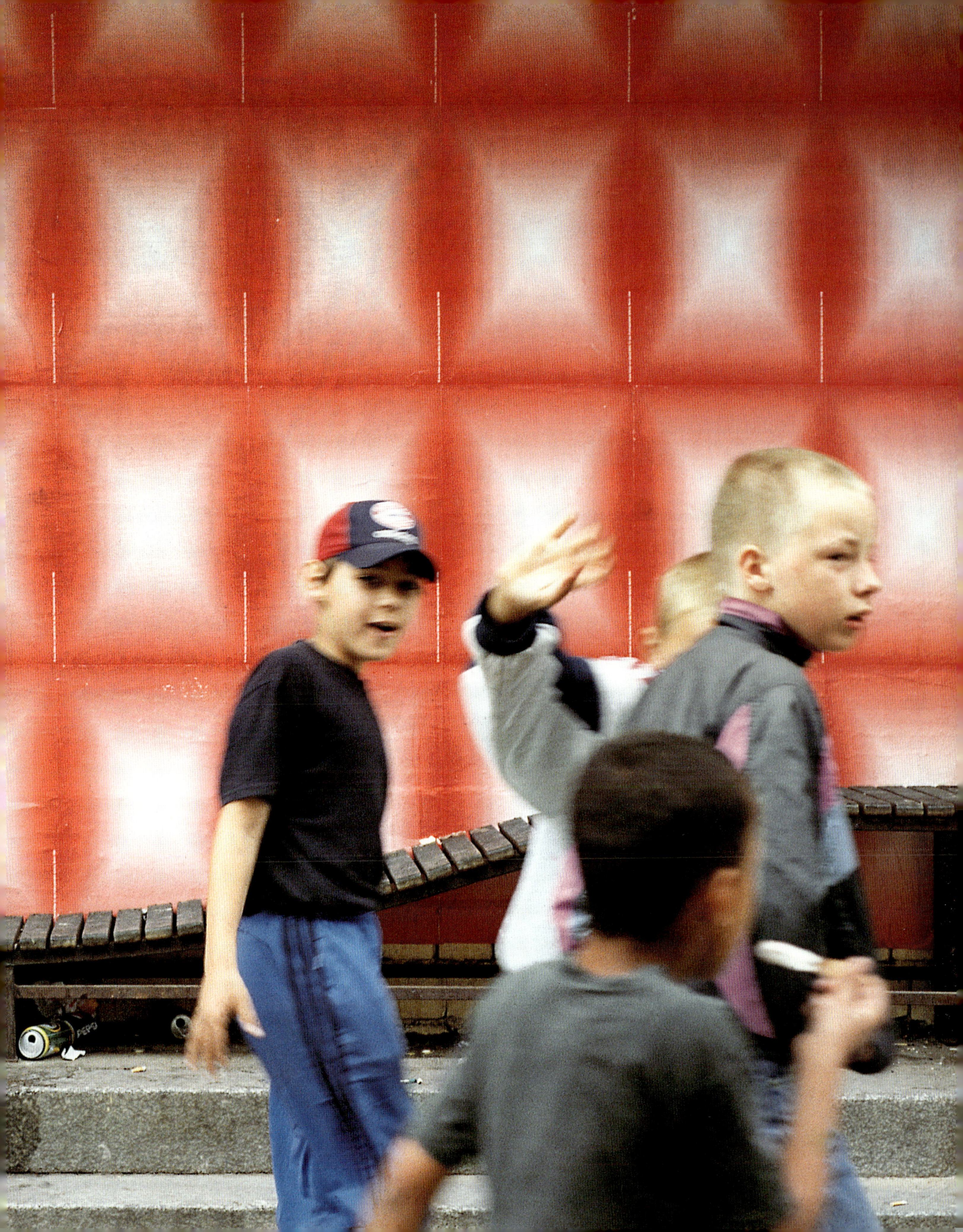

(Seite 44/45 / *page 44/45*) Agitprop, Prater Berlin, 1998, Offsetdruck/*offset print*, DIN A 2

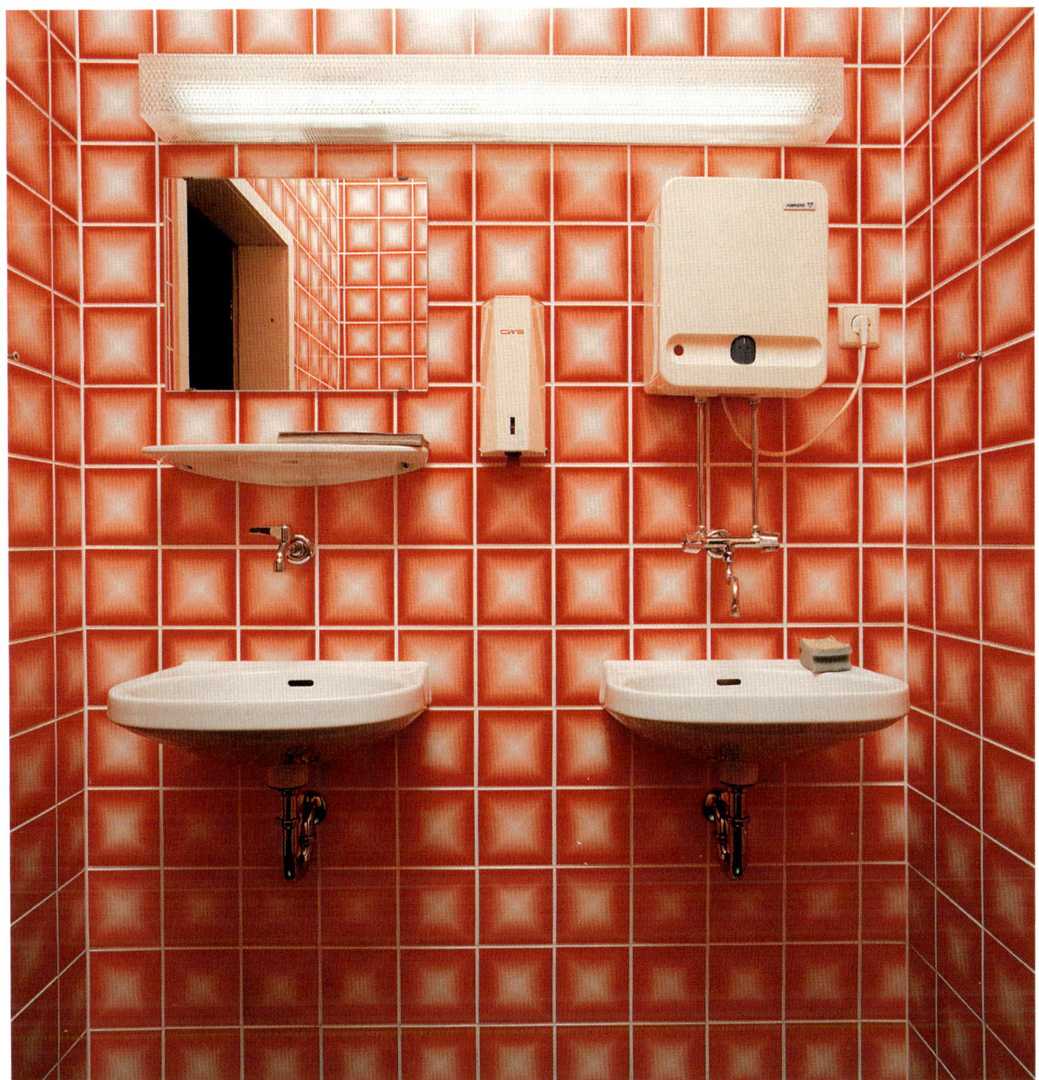

(Seite 47 / *page 47*) Plan 1, 1999, Siebdruck auf Fliesen/*screen print on tiles*, je/*each* 15 x 15 cm

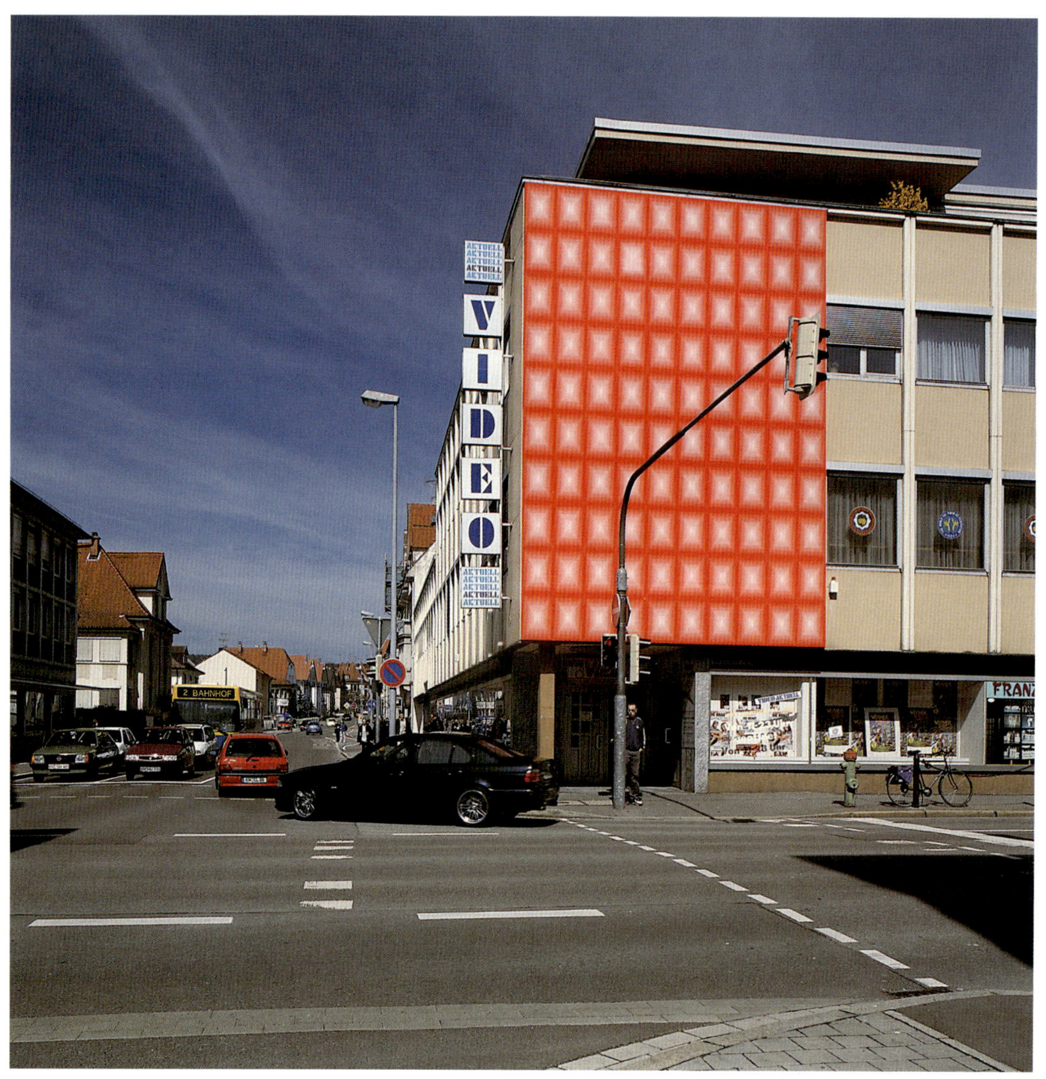

(Seite 48/49 / *page 48/49*) Plan 2, 2000,

Siebdruck auf Aluminiumplatten / *screen print on aluminium panels*, je / *each* 89 x 63 x 8 cm

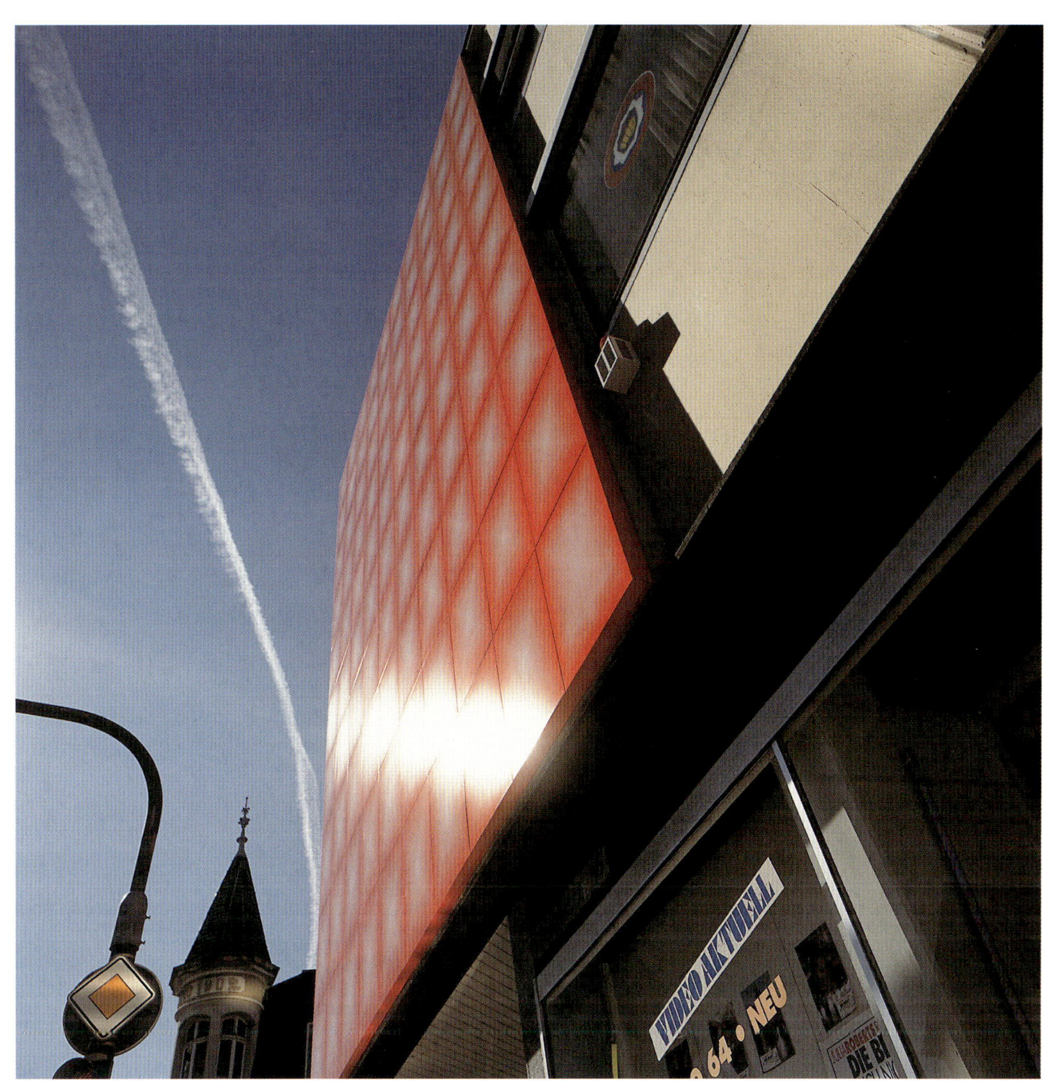
VIDEO AKTUELL
64 • NEU

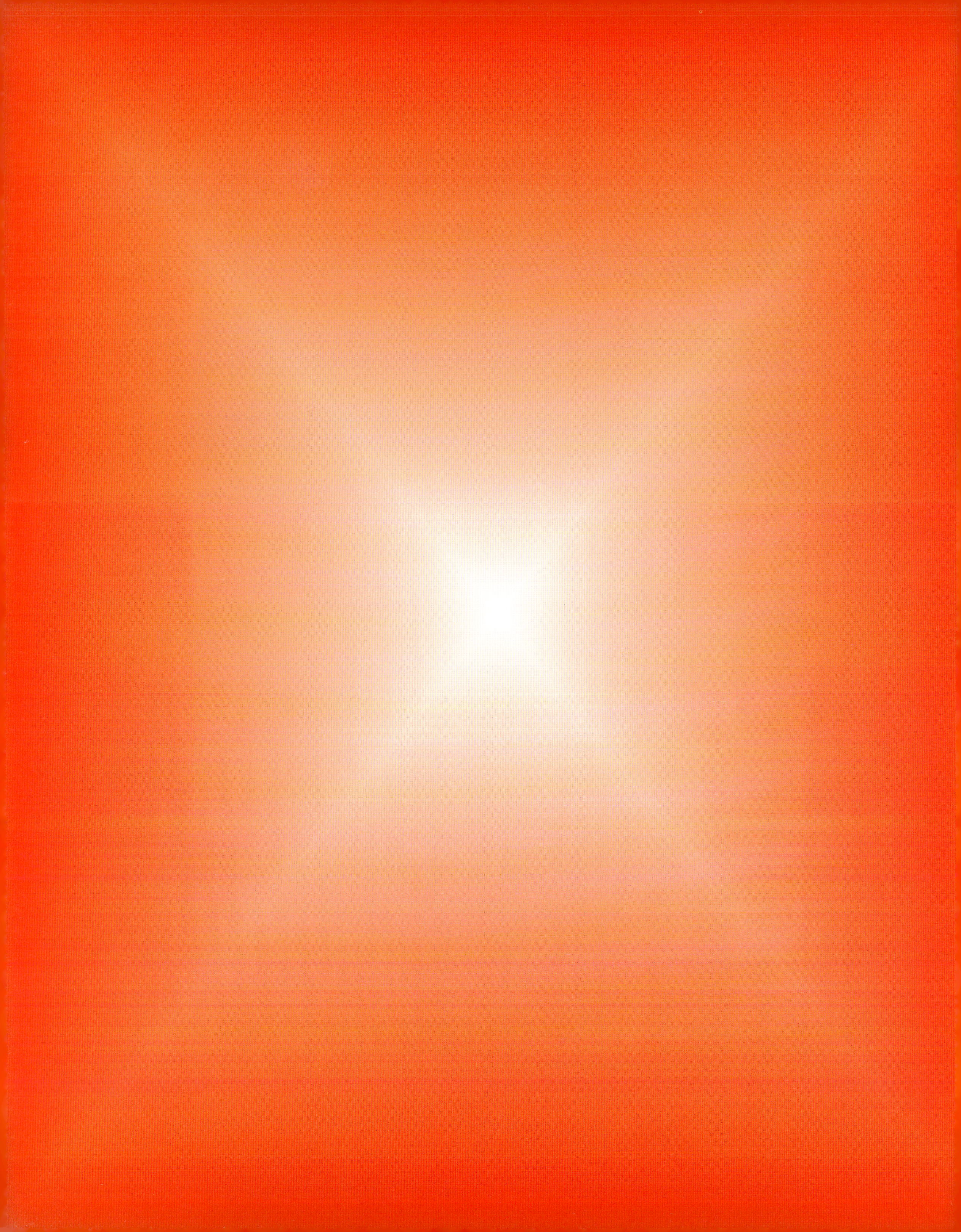

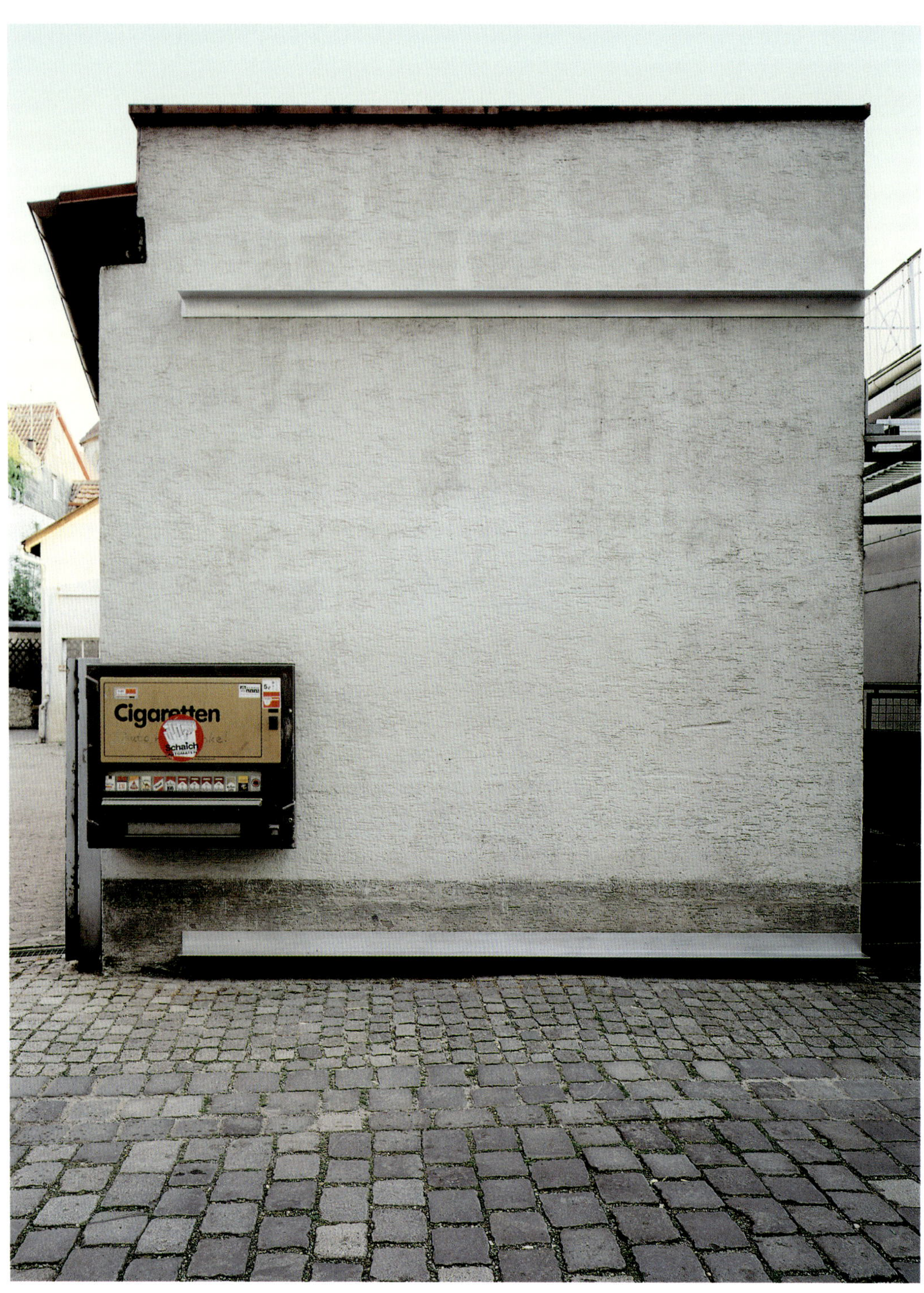
Cigaretten
Schaich

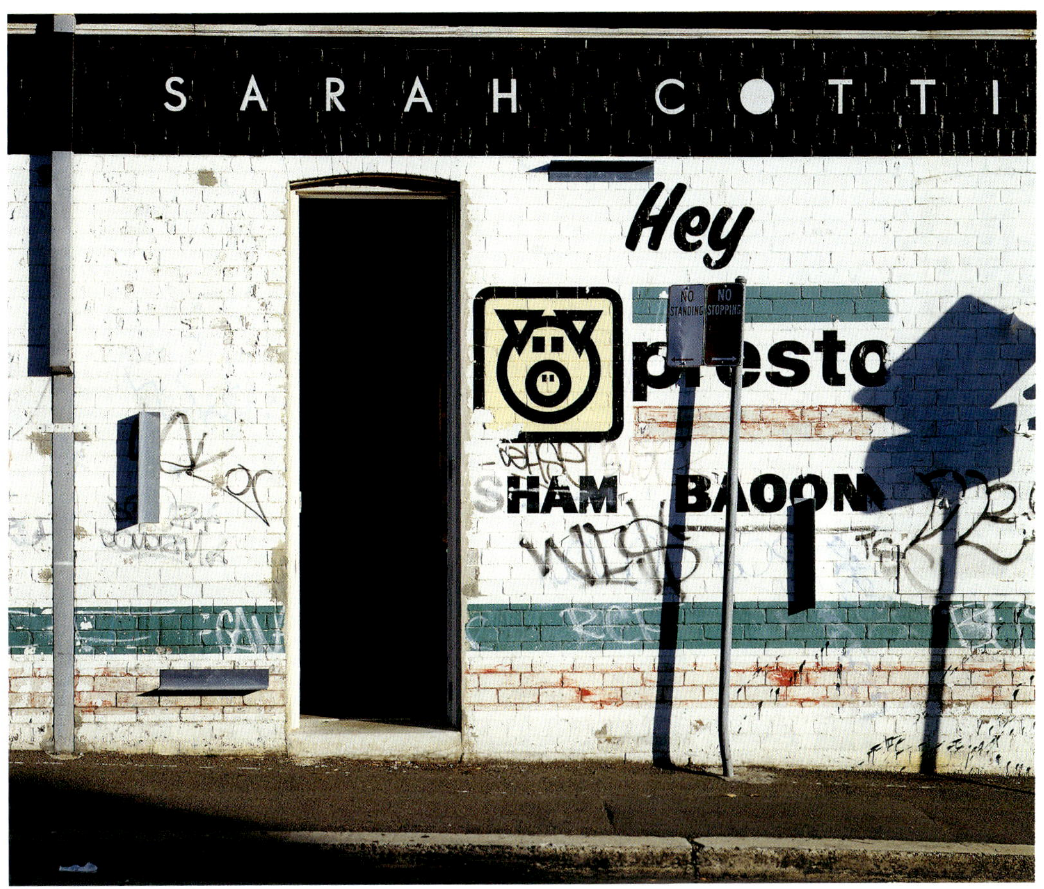

(Seite 51 / *page 51*) Anlage 162, 1999, Stahl/Lack/*steel/paint*, 180 x 180 x 9 cm

(Seite 52 / *page 52*) Anlage 168, 1999, Stahl/Lack /*steel/paint*, 300 x 235 x 15 cm

(Seite 53 / *page 53*) Anlage 169, 1999, Stahl/Lack/*steel/paint*, 250 x 205 x 15 cm

(Seite 54 / *page 54*) Präzisieren, 1994, 2 Aluminiumleisten/*2 aluminium strips*, je/*each* 400 x 20 x 20 cm

(Seite 55 / *page 55*) Präzisieren, 1997, 4 Aluminiumleisten/*4 aluminium strips*, je/*each* 50 x 15 x 15 cm

(Seite 56 / *page 56*) Anlage 37, 1994, Stahl/Lack/*steel/paint*, 60 x 62 x 3 cm

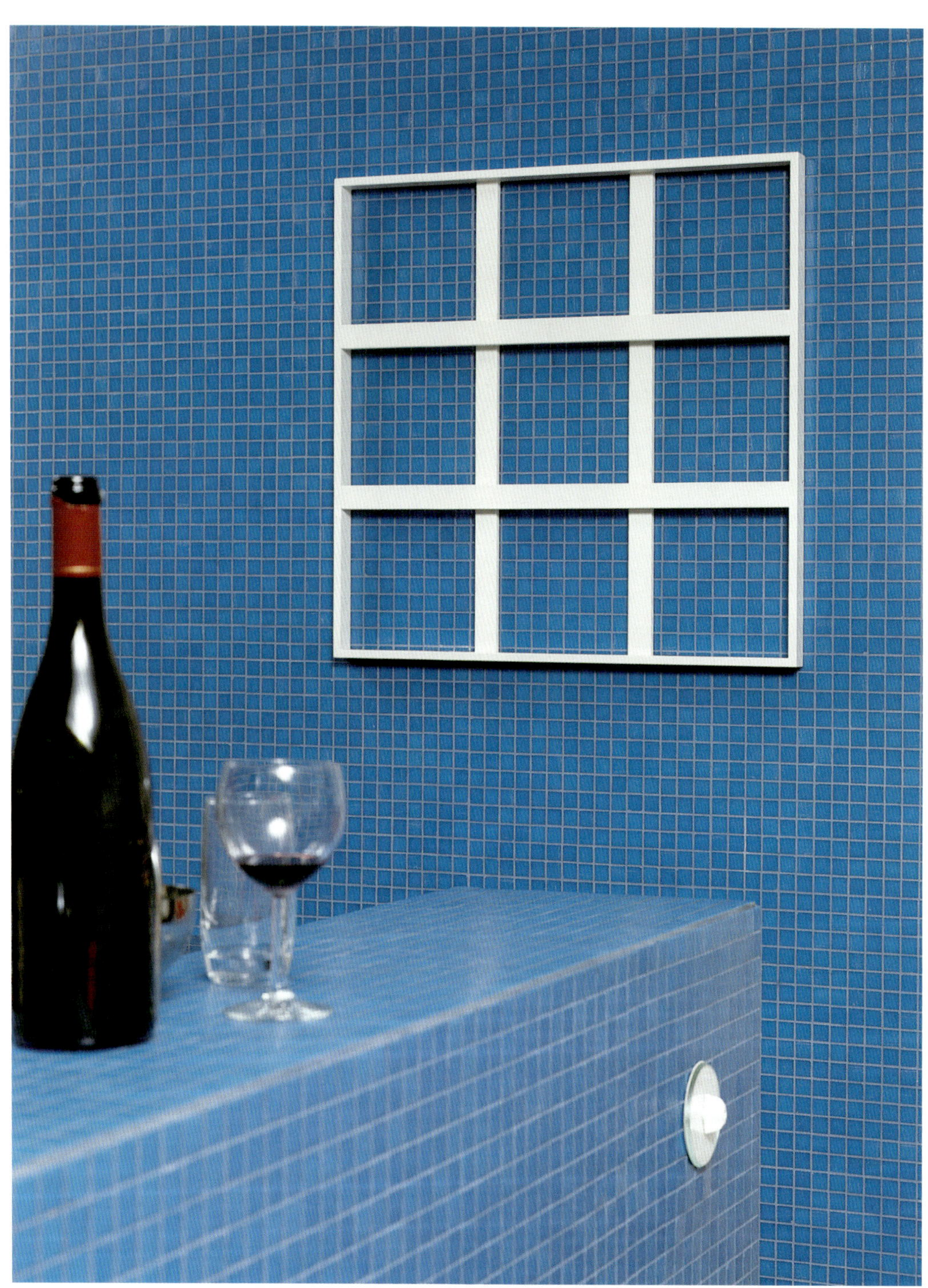

„Leere Versprechungen hast *Du* gesagt“ – Über Gerold Miller *von Renate Wiehager*

New Jersey, USA, Anfang der 60er-Jahre. Tony Smith, einer der Begründer der Minimal Art, bricht mit einigen Studenten zu einer nächtlichen Spritztour auf einem der mehrspurigen Motorways auf. Was tagsüber ein durchaus aufregendes Erlebnis sein kann, wird in der Nacht – durch die Monotonie des endlosen Mittelstreifens und die nicht endende Wiederholung der Absperrungen – für Smith zu einer Art ästhetischer ‚Offenbarung‘: „Den Architekten und Bildhauer fasziniert die schroffe Künstlichkeit des Asphalts, die unnatürliche Linearität der Straßenführung und die völlige Abwesenheit einer inspirierenden Landschaft. Das Artifizielle enthüllte plötzlich seinen ästhetischen Schein.“[1] (1964 ist Tony Smith, neben Künstlern wie Morris, Truit, Flavin und anderen, an der Ausstellung *Black, White, And Grey* im Wadsworth Atheneum, Hartford, Connecticut, beteiligt, die als erste Minimal Art-Ausstellung angesehen wird. Ausgestellt ist von Smith die Skulptur *Die*, ein schwarzer Stahlkubus mit einer allseitigen Kantenlänge von 183 cm. Der Künstler streicht in der Beschreibung der Arbeit heraus, dass sie von professionellen Stahlarbeitern nach seinen Angaben gefertigt sei, um für die Betrachter jegliche Vorstellung einer individuell wirkenden Künstlerhand unmöglich zu machen. Ebenfalls 1964 eröffnet im National Design Center in Chicago eine Ausstellung von 193 Warenzeichen, Symbolen und Firmenlogos unter dem Titel *Trademarks/USA*, die erste Retrospektive einer Auswahl von Corporate Design seit 1945 auf nationaler Ebene. Möchte man das Artifizielle, materiell Reduzierte und seriell Gerasterte urbaner Stadträume als eine visuelle Quelle der historischen Minimal Art ansehen, so wird man dem unbedingt die Architektur und das Corporate Design jener Zeit an die Seite stellen müssen. Die Entwicklung minimalistischer Tendenzen in Amerika und Europa in den 60er-Jahren aus dem phänomenologischen Studium der Alltagskultur – vielleicht ergäbe die ausführlichere Sichtung dieser bislang immer nur in Ansätzen diskutierten Betrachtungsweise eine neue Einschätzung der historischen Minimal Art ebenso wie der Tendenzen des Minimalismus in der aktuellen Gegenwartskunst. (Es gibt zwei Einschnitte im Werk von Gerold Miller, die unter diesem Aspekt bedeutend sind: seinen Beitrag für die Ausstellung *Widerstand – heute!?*, Esslingen 1994, und seine erste Polenreise im Sommer 1995. (Das Bild als Grenze und Der Zigarettenautomat im präzisierten Feld von Widerstand) Was ist ein Bild? Wie ist das Verhältnis des Bildes zur Wand, zum Raum, zur Architektur? Steht das Bild am Ende eines vorrangig reflexiven Prozesses und in einem Bereich des Übergangs zwischen den Gattungen: Bild – Relief – Skulptur – Architektur – Raum? Gerold Miller widmet sich seit rund fünfzehn Jahren der Frage von ‚Bildlichkeit‘ im Grenzbereich von Skulptur, plastischem Objekt und Relief, von umgrenzter Wandfläche und skulptural-bildhaft definiertem Raum als Bildträger. Während die materielle Basis sich im Laufe der Jahre immer stärker differenziert hat, ist parallel die Bearbeitung einer konzeptuellen Auffassung von ‚Bild‘ in den Vordergrund gerückt. Millers frühe Auseinandersetzung mit der Konkreten Kunst und der Minimal Art arbeitet dieser Beschäftigung mit Dimensionen, Strukturen, Volumina, mit der minimalen Abweichung, dem Verhältnis von umgrenztem und umgebendem Raum, der Aktivierung einer nur ‚gemeinten', imaginativ vermittelten Bildfläche und implizit damit dem Verhältnis zur Malerei in entscheidender Weise vor. Diese Untersuchungen fließen zunächst in die Konzeption der *Anlagen* – die Werkgruppe wandbezogener Stahlreliefs – ein. (Seit etwa 1995 lässt sich eine erstaunliche Ausweitung und in eins damit Radikalisierung seiner künstlerischen Fragestellungen beobachten. Selbstverständlich wie notwendig, geht solche Ausweitung einher mit einem Ausgreifen in andere Medien und vor allem dem Einbeziehen von Realien – von der fotografischen Repräsentation des Muttermals von Cindy Crawford bis zur Aktivierung des realen Raumes als potenziellem Bild. Auch hier aber ist, wie entsprechend im Fall der *Anlagen*, die *materiale* Basis der Arbeiten auf ein Minimum beschränkt zugunsten der Herausforderung der *reflexiven* Leistung des Betrachters. (Ein folgenreicher Schritt für Gerold Millers Werkentwicklung der 90er-Jahre bis hin zu seinen öffentlichen und musealen ‚Raum-Bildern' war der Beitrag des Künstlers zur Ausstellung *Widerstand – heute!?*. Grundidee dieses von der Verfasserin im Frühjahr 1994 realisierten Projektes war es, anlässlich des 50. Jahrestages des gescheiterten Attentates auf Hitler durch Claus Schenk Graf von Stauffenberg anhand einer im öffentlichen urbanen Raum – der Esslinger Altstadt – stattfindenden Ausstellung den inflationär gewordenen Begriff „Widerstand" künstlerisch neu zu reflektieren.[2] Friedhelm Röttger formulierte zu dem *Präzisieren* betitelten Beitrag von Gerold Miller in der Esslinger Zeitung: „Eine Notwendigkeit des Widerstands sieht Gerold Miller ‚in der Verweigerung gegenüber vorschnellen Lösungen und einfachen Sinnangeboten' (S. Berg). Dementsprechend mühsam ist sein auf einer schäbigen Garagenwand in der Milchgasse realisiertes Projekt mit dem Titel *Präzisieren* zu orten: eine in der Sockelzone, die andere im Dachbereich montierte zweischenklige Aluminiumleiste desavouieren das inner(alt)städtische Ambiente mit seiner kruden Mischung aus gewachsenem Raum und funktionalem architektonischem Kompromiß, indem sie mit minimalistisch spröden Mitteln die Denkbarkeit einer reinen Fläche, ja eines imaginären Kubus ermöglichen."[3] (Hier scheinen mir zwei Beobachtungen wichtig: zum einen, dass es sich um eine sehr einfache und prinzipiell einfach zu verstehende, im besten Sinne unspektakuläre Arbeit handelt. Der unscheinbare Zigarettenautomat wird so aufgenommen, dass der zufällige Platz des Automaten in seiner realen, wenig gestalteten Situation durch den minimalen, ‚präzisierenden' Eingriff zu einem *bestimmten* Platz wird. Durch einen geringfügigen Eingriff in die Organisation einer urbanen Struktur wird der Ort einerseits, worauf auch Stephan Berg aufmerksam gemacht hat, zum Bild, das Ganze behält jedoch zugleich ein Höchstmaß an Offenheit, sowohl hinsichtlich seiner Öffnung zum Stadtraum wie auch im Blick auf seine zwischen ‚raumgreifender' Bildhaftigkeit und ‚flacher' Plastik changierenden Gestalt. (Eine zweite wichtige Beobachtung liegt in dem Hinweis auf einen vorstellbaren „imaginären Kubus". Denn die Winkelleisten präzisieren den Raum nicht nur als potenziell bildhaften, sondern umschreiben ihn auch in der dritten Dimension, das heißt in seiner Körperhaftigkeit, auch wenn diese auf ein Minimum reduziert ist. Die Winkel sind nicht nur selbst Körper, sondern ein raumbildendes Element, es sind Abbreviaturen von Raum, denn verlängert gedacht bilden sie Wand, Decke und Boden, also die offene Form eines Kubus. (An der für die *Widerstand*-Ausstellung formulierten Konzeption eines öffentlichen Bild-Raumes hat Gerold Miller 1997 in Sydney und Brisbane, Australien, weitergearbeitet. Die Straßenfassade der Sarah Cottier Gallery in Sydney ist ein Tummelplatz für Wandmalereien, Schilder und Graffiti aller Art. Millers Versuch der bildhaft-räumlichen Präzisierung dieses Informationschaos basiert auf vier, wiederum zweischenkligen Aluminiumleisten von je 50 cm Länge und 15 cm Tiefe. Diese sind so platziert, dass sie eine scheinbar willkürlich gewählte, quer rechteckige Fläche umschreiben, die oben mit dem Türsturz abschließt, dafür aber unten 30 cm von der Durchgangshöhe der Tür abschneidet. Die seitlichen, versetzt angebrachten Leisten definieren in der Breite einen Bildraum, der kein gegebenes Element der Fassade in das Zentrum rückt. Man könnte sogar sagen, dass die scheinbar willkürliche Anbringung der Leisten die vorhandene Unordnung noch unterstreicht, ja, ihr demonstrativ Ausdruck verleiht. Vielleicht ist es so, dass das Zeichenchaos zwar durch den künstlerischen Eingriff formuliert und gehalten, als dezentriert wirbelndes und bedeutungsloses Durcheinander aber akzeptiert und gespiegelt wird. (Ganz anders der präzisierende Eingriff, betitelt *It's Michael and me*, an der Eingangsfassade des Institute of Modern Art in Brisbane. Die weiß gestrichene Fassade, von Sprayer-Beiträgen freigehalten, und die große, geometrisch unterteilte Glasfront stellen an sich schon eine Vorgabe dar, die eine ästhetisch bestimmte und zugleich zurückgenommene Formulierung herausfordern. Die solchermaßen gegebene geometrische Strenge unterstützt der Künstler, indem er auf mittlerer Höhe und in optisch gleichem Abstand zur Eingangsfront zwei Aluminiumleisten fixiert, die gleich hoch erscheinen, jedoch um 3 cm differieren (Höhe 179/182 cm). Eine minimale Abweichung, die aber doch – einmal wahrgenommen – die regelhafte Ordnung der gesamten Konstruktion in Frage stellt. Wie der Titel der Arbeit, *It's Michael and me*, bereits andeutet, beziehen sich die Maße der Leisten auf die Körpergrößen des Direktors des Museums und auf die des Künstlers. Gerold Miller unterwandert die Strenge und Anonymität der Fassade mit einer ‚privaten' Bemerkung, wodurch die Dimensionen der Arbeit nicht mehr als objektives Kalkül, sondern als bildhaftes Zeichen einer subjektiven Relation beschrieben werden. (Zehn Augusttage verbringt Gerold Miller 1995 im polnischen Städtchen Piotrków Trybunalski, wo er auf Einladung der polnischen Partnerstadt Esslingens an einem Künstlersymposium teilnimmt. Der Leerstelle, der Millers *Anlagen* plastisch-bildhaft und vor allem: materiell Gestalt geben, wird im temporären polnischen Exil – affirmativ wie ironisch – mit Sprache begegnet. *Besinnungscamp für ehrgeizige Künstler* ist der Titel einer Postkarte, welche die Künstler, in melancholischer Selbstreflexion verharrend, vor den spartanischen Unterkünften zeigt, der rückseitige Text benennt das für westliche Ausstellungsstandards Übliche: Ort, Zeit, Teilnehmer, Danksagungen.[4] In einer Auflage von

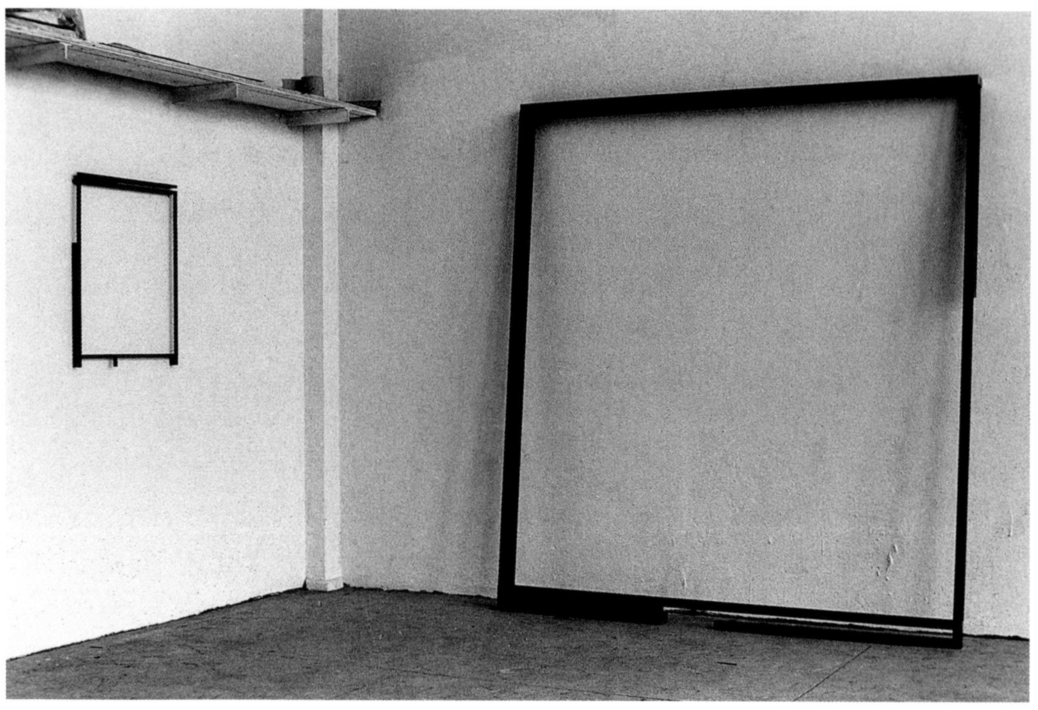

(Seite 60 / *page 60*) Akademie der Bildenden Künste, Stuttgart, 1987

(Seite 65 oben / *page 65 top*) Städtisches Kunstmuseum, Singen, 2001

(Seite 65 unten / *page 65 bottom*) Galerie Köstring/Maier, München, 1997

3000 Exemplaren europaweit versandt, wird für die ‚leer gebliebene‘ Stelle möglicher Bildproduktion eine Öffentlichkeit hergestellt, die – bezogen auf Millers Werk der 90er-Jahre – nur sein Beitrag *Plan 2* zum Singener Kunstprojekt *Hier, Da und Dort* wieder erreicht haben dürfte. (Aber Gerold Millers Polenreise ist noch in viel entscheidenderer Weise für Motiv und Motivation seiner raumbezogenen Bildkonzepte ausschlaggebend als nur hinsichtlich des Aspekts öffentlich brisanter Formulierungen. Während einer Busfahrt durch Piotrków Trybunalski fällt dem Künstler eine Plakatwand ins Auge, auf der zwischen Plakaten verschiedenen aktuellen Inhalts ein Plakat immer wiederkehrt, das als Motiv eine Art Sternenblitz zeigt. Die Dolmetscherin klärt auf, dass die polnischen Plakatierungsfirmen solche fertig vorfabrizierten Plakate als Platzhalter für Leerstellen, also für nicht verkaufte Werbeflächen, einsetzen. Einige Jahre später kehrt das Motiv zuerst an einer vielfrequentierten Allee im Zentrums Berlins, in verschiedenen europäischen Galerien, dann in der Herrentoilette des Esslinger Museums Villa Merkel wieder, und es wird im Jahr 2000 als öffentliches, dynamisches Raumbild zu einem Aufmerksamkeitspunkt für die Singener Bürger und die Besucher der Singener Landesgartenschau.

(„Anlagen“ zum Bildbegriff)

Die künstlerische Arbeit von Gerold Miller wirft die Frage auf, was denn eigentlich unsere Vorstellung davon, was ein Bild ist, begrenzt bzw. bestimmt oder, genereller, *wo* ein Bild und *was* ein Bild heute sein kann. Verbunden damit sind – für den Künstler wie für uns als Betrachter – grundlegende Überlegungen zur Bildlichkeit des Bildes: zur Frage der Begrenztheit des Bildes als kategorialer Bestimmung von Bild schlechthin; zur Frage der Komposition und der Distanz zwischen Bild und Betrachter; zum Verhältnis von Form und Farbe; zur Frage der Legitimierung und der Überwindung der Begrenztheit des Bildes bzw. des Bildes als Grenze – letzteres betrifft die plastische Faktizität der Arbeiten von Gerold Miller wie ihre Rezeptionsbedingungen. (Gerold Miller bezeichnet seine Stahlarbeiten seit 1991 als „Anlagen“, ein Titel, über dessen Assoziationsraum es vorab nachzudenken lohnt. Unsere erste Assoziation ist wohl die einer technischen Anlage, einer Festungsanlage oder Gartenanlage, also einer geplanten Gestalt. Anlage kann aber auch etwas Hinzugefügtes bedeuten oder an Vermehrung von Kapital im Sinne einer Geldanlage denken lassen. Es kann eine charakterliche Veranlagung, oder, psychologisch, die Gesamtheit der körperlich-seelischen Grundmöglichkeiten des Menschen, die dynamische Ganzheit von Möglichkeiten des Reagierens bedeuten. Schließlich verstehen wir im kunsthistorischen Sinne das Anlegen einer Malerei als eine erste Skizzierung eines Bildes. Wir können ein Lineal, also Maß anlegen, oder Anlegen im Sinne von Zielen, Entwerfen oder Planen auffassen. Die offene, vieldeutige Gestalt des Begriffs „Anlage“, so scheint mir, spiegelt die Offenheit der Arbeiten, gleichzeitig sind sie äußerst präzise, in ihrer Form wie in ihrer Bezogenheit auf die Wand als ihrem Ort. (Für alle *Anlagen* trifft zu, dass der Farbauftrag so gehalten ist, dass er sich vollkommen monochrom mit seinem Träger verbindet, also keinerlei ‚Duktus‘ aufweist, was ein kühles, rationales, entindividualisiertes Moment der Arbeiten betont, wiewohl im Detail vom Künstler höchst subjektive, formal-ästhetische Entscheidungen getroffen werden. Mit dieser Vorgabe bricht die 1995 entstandene *Anlage 58* auf überraschende und doch folgerichtige Weise. Die Stahlleisten stehen, auch das ist neu, nicht im rechten Winkel zur Wand, sondern die horizontalen Leisten sind flach auf die Wand gebracht, während die vertikalen Seitenleisten so auf diese aufgeschweißt sind, dass die *Konstruktion*, das heißt die Zuordnung der Teile und ihre Verschweißung in den Berührungspunkten, entschieden betont ist. Die Farbe, ein halbmattes Schwarz, wurde über den Seitenteilen ausgegossen und hat sich frei fließend mit dem Träger verbunden bzw. seitliche Rinnsale und Leerstellen gebildet. Was Gerold Miller mit dieser an sich geringfügigen Geste erreicht, ist, dass für den Betrachter Farbe und Träger nicht mehr in eins gesetzt sind, sondern als autonome Einheiten ins Bewusstsein treten. Die Farbe wird damit frei vom Bild als ihrem materiellen Substrat und frei von der umgrenzten Form, deren definitorische Exaktheit und konzeptuelle Nüchternheit sie durch ihr zufallsgebundenes Fließen noch schärfer herausstellt. (Entscheidend für das Verständnis der *Anlagen* ist, dass es nicht darum geht, ein Stück Wandfläche einzugrenzen und in eins damit das Umgebende auszugrenzen – es wird also jene Funktion, die ein Bilderrahmen hätte, bewusst negiert. Vielleicht sind die *Anlagen* von Gerold Miller am zutreffendsten als Grenzen zu bezeichnen, die ebenso viel verbinden, wie sie trennen.

(ready-mix und hard:edged …)

1997 beginnt Miller die Werkgruppe der *ready-mix*-Arbeiten: das Material ist hier eloxiertes Aluminium, die Ecken sind abgerundet und die eben laufende, breite Leiste bildet eine vorrangig flächige Grenze. Während also die *Anlagen* die Verbindung zum umgebenden Raum über das Volumen thematisieren, geschieht dies bei den *ready-mix*-Arbeiten über die Beziehung der Oberfläche zur Wand. Beide Werkgruppen versuchen jeweils neu eine *Umschreibung* von Innenraum und Außenraum, wobei innerhalb und außerhalb der rahmenden Leisten nur das erscheint, was von sich aus selbstverständlich vorhanden ist. Und es handelt sich in beiden Fällen um ‚Eröffnung' von Raum, der Bildkörper wird durchlässig zum Betrachter, zum Raum hin. (Die *ready-mix*-Arbeiten streichen im Vergleich mit Millers *Anlagen* für die spontane Wahrnehmung das ‚Designte' und Technische ihrer Entstehung in einer fast provozierenden Weise heraus. Dass hier die Künstlerhand wählend, abwägend oder modifizierend tätig gewesen sei, wird kein Betrachter vermuten, im Gegenteil: die kühl blitzenden Oberflächen der *ready-mix*-Arbeiten weisen demonstrativ jegliche ‚einfühlende' Annäherung des Betrachters zurück. Dem korrespondiert ihr Entstehungsprozess: Der Künstler legt im Atelier die Dimensionen fest und wählt aus der Farbpalette, die die Herstellungsfirma anbietet, einen Farbton aus. Alles Weitere und das heißt in diesem Fall: die entscheidenden Schritte geschehen im technischen Fertigungsprozess. Gerold Miller ist mittels ausgiebiger Recherchen und Gespräche tief in diesen Prozess eingetaucht, er hat das Engagement der Facharbeiter zu wecken und ein Maximum des handwerklich Machbaren auszuloten versucht: die gegossenen und gepressten Aluminiumplatten werden mit einer Laser-Wasser-Technik geschnitten, in einem technisch hoch komplizierten Verfahren werden die Ecken gebogen, die Oberflächen eloxiert (auch die Nuancen der Farbigkeit werden extrem ausgereizt) und abschließend geschliffen. (Wenn man sich diesen Entstehungsprozess, über den der Künstler bereitwillig Auskunft gibt, ja, der ihm als Teil der Arbeit außerordentlich bedeutsam ist – wenn man sich also diesen weitgehend von subjektiver Einflussnahme freigesetzten Entstehungsprozess vergegenwärtigt, dann wird auch der Titel *ready-mix* plausibel, den Gerold Miller für diese Werkgruppe gewählt hat, auch in deutlicher Unterschiedenheit zum Begriff der *Anlagen*. Offensichtlich sind zunächst zwei Anknüpfungspunkte, ein kunsthistorischer und ein alltäglich technischer. Der ‚naive' Betrachter wird sich zunächst, vielleicht mit einigem Befremden, an die Aufschrift „Readymix" erinnern, die jene auf Baustellen allgegenwärtigen Betonmischmaschinen ziert, jene Lastwagen also mit drehender Trommel, die Fertigbeton anbieten. Für den mit der Kunst des 20. Jahrhunderts vertrauten Betrachter wird sich die Nähe zum Begriff „ready-made" aufdrängen, womit der Charakter des Fundstücks unterstrichen ist, das als künstlerische Behauptung in das System Kunst eingebracht wird und erst innerhalb von diesem Bedeutung erlangt. Auf einer weiteren Ebene stellt der Titel *ready-mix* die neue Werkgruppe des Künstlers in den Kontext einer 90er-Jahre-Generation und einer Pop-Kultur, deren auszeichnendes Merkmal eine hemmungslos zitierende und verwertende Musikkultur ist: „Remix" bezeichnet im Musikbetrieb das ästhetisch wertfreie Verwenden von Versatzstücken musikalischer Trends und Traditionen, die in ein Klangkontinuum eingespeist werden, das den Status des Fabrizierten und technisch Manipulierten selbstbewusst herausstellt. (Seit 1998 sind als eigenständige Gruppe die etwa 70 farbigen Wandskulpturen der Serie *hard:edged* im Werk von Gerold Miller hinzugekommen. Der kunsthistorische Terminus „Hard:Edge" ist bekanntlich 1958 von Julius Langsner bei der Vorbereitung einer Ausstellung geometrisch-konstruktiver Maler in Kalifornien geprägt worden. Langsner bezog sich mit dieser Begriffsfindung vor allem auf John McLaughlin, der – nach Aufenthalten in Japan in den 30er-Jahren und Studium des Zen-Buddhismus – erst als Fünfzigjähriger zur Malerei gekommen war. McLaughlin ist neben Peter Roehr der zweite Künstler, auf den Gerold Miller sich im Rahmen seiner Ausstellung im Hamburger Bahnhof bezieht, indem er seiner Konzeption jeweils ein Werk der betreffenden Künstler integriert. Millers *hard:edged*-Arbeiten sind aus Winkelaluminiumleisten hergestellt, die in einem Fachbetrieb zusammengefügt und anschließend mit einem speziellen Hochglanzlack versehen werden. Im Unterschied zu den *Anlagen* und den *ready-mix*-Arbeiten sind nun ausschließlich die frontalen, dem Betrachter zugewandten Flächen des Bildkörpers lackiert, wodurch die Seiten – entsprechend den Seiten einer bemalten Leinwand – in ihrer Materialität sichtbar bleiben. (Wie für die früheren Werkgruppen gilt auch für die *hard:edged*-Arbeiten, dass die gewählten Farben und Farbkombinationen aus dem visuellen Chaos der täglichen Zeichenwelt ‚herausgelesen' sind: Es sind Farben, die der Künstler auf Reisebussen und Plakaten, in Mode und Werbung und im Dönerladen in Kreuzberg findet. Bei der spezifischen Farbwahl entscheidet allein die eindeutige Wirkung und Präsenz der Farbe, es gibt keinerlei ‚Bedeutungszuweisungen'. (...Eckpunkte im Farbverlauf...) Jeder Raum, sei es der ,Raum' des Bildes oder der architektonische Raum, definiert sich durch seine Eckpunkte. Insofern kommt diesen bei Betrachtung aller Arbeiten von Gerold Miller besondere Bedeutung zu. Den Übergang von den stärker räumlich argumentierenden *Anlagen* zu den eher wandbezogenen *ready-mix*-Arbeiten bilden jene Arbeiten, deren Leisten – wie oben beschrieben – flach aufeinander geschweißt sind. Kann schon angesichts dieser *Anlagen* von einer offeneren Definition des Bildes als Grenze gesprochen werden, so thematisieren die *ready-mix*-Arbeiten die Bildgrenze als nicht eindeutig zu definierenden Form*verlauf*. Für sie ist entscheidend, dass der Betrachter sie durch eine ,schnelle', spontane Wahrnehmung erschließen kann, während man bei den *Anlagen* den Details der jeweiligen formalen und farblichen Entscheidungen stärkere Aufmerksamkeit widmen muss. Durch die abgerundeten Ecken sind die *ready-mix*-Arbeiten tendenziell auf einen Kern, einen Nukleus hin ausgerichtet, dem für die Wahrnehmung des Betrachters die in den eloxierten Oberflächen sich spiegelnde Räumlichkeit kontrastiert. Das Motiv des Sternenblitzes schließlich, das auch für *Plan 2*, Singen 2000, eingesetzt wurde, funktioniert wie das fotografische Negativ der *Anlagen*: Die Spitzen des Sterns exponieren die Eckpunkte in dynamischer Bewegung von innen her. (Mit dem Begriff „Verlauf" ist ein Stichwort gegeben, welches den schlüssigen Zusammenhang zu Gerold Millers Raumarbeiten mit Licht und Farbe artikuliert. So hat der Künstler 1997 in seiner Ausstellung in der Städtischen Galerie Villingen-Schwenningen drei Strahler in den Grundfarben gelb-rot-blau eingesetzt, die sich automatisch in einem Winkel von 180 Grad von rechts nach links bewegten und auf diese Weise im Raum bewegliche, sich überschneidende Lichtflächen und Farbmischungen auf Wand, Decke und Boden erzeugten. Die hierbei entstehenden Farbverläufe, die sich durch die Aufhebung einer fixierbaren Begrenzung auszeichnen und an Grundfragen des Malerischen rühren – diese Farbverläufe hat Miller in seinem Beitrag *Leipziger Raum* für die Ausstellung *Primary Structures*, Galerie für zeitgenössische Kunst Leipzig 1999, als Wandmalerei realisiert. Der von Rot über Orange zu Grün changierende chromatische Farbverlauf war als effektvolle Präsentationstechnik ein Fundstück, eine ,Realie' aus der Werbung: Hier werden solche Farbverläufe als beweglich-dynamisch erscheinende Hintergründe eingesetzt, um das davor stehende, ruhige Motiv wirkungsvoll zu inszenieren. Als Untergrund formuliert der Farb*verlauf* in Millers *Leipziger Raum* einen Kontrapunkt zur umgrenzten Form der *ready-mix*-Arbeiten. Der Raum als ganzheitlich konzipierte Bild-Situation tritt – auch hier unterstreicht der Titel das Grundinteresse der künstlerischen Überlegungen – an die Stelle des sich abgrenzenden, sich ,individualisierenden' Einzelbildes. Die gleichsam bewegliche, ,verlaufende' Gestalt von Form und Farbe als der Grundkonstanten eines ,Bildes' hebt die Grenze auf von Vordergrund und Hintergrund, Kontur und Fläche, koloristischen und körperlichen Volumina, von Bild-Objekt und Bild-Träger – der Raum in seiner Gesamtheit wird zum bildhaft-plastischen Ereignis.[5] (In einem weitergefassten Verständnis bauen alle beschriebenen Bild-Konstellationen auf dem Prinzip des „anstelle von" auf.

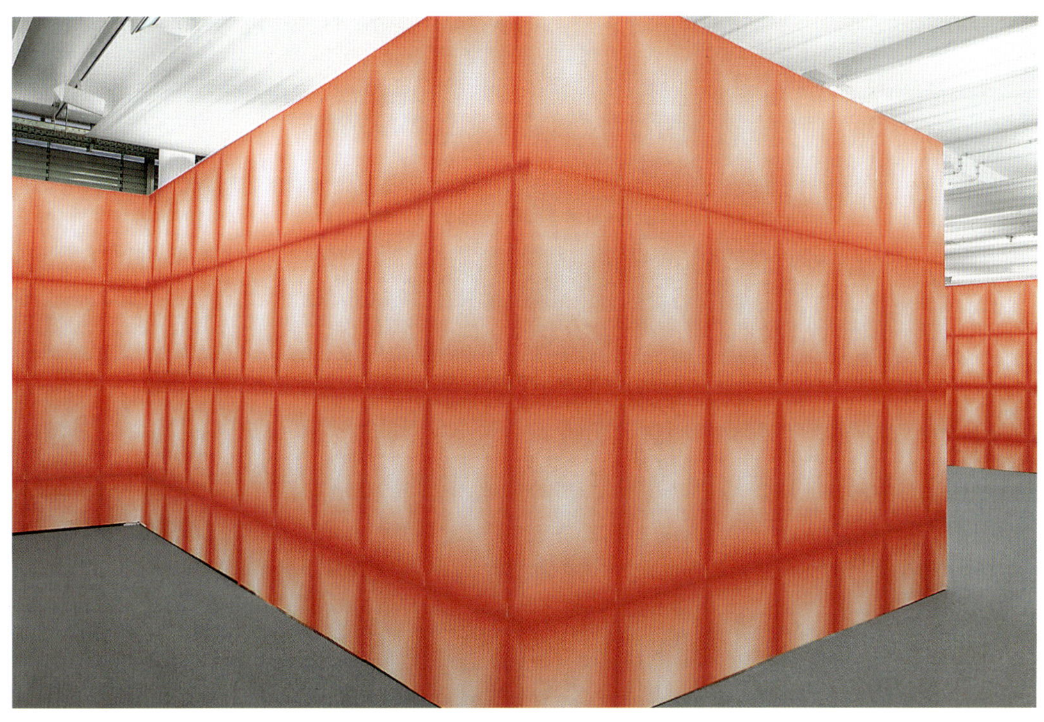

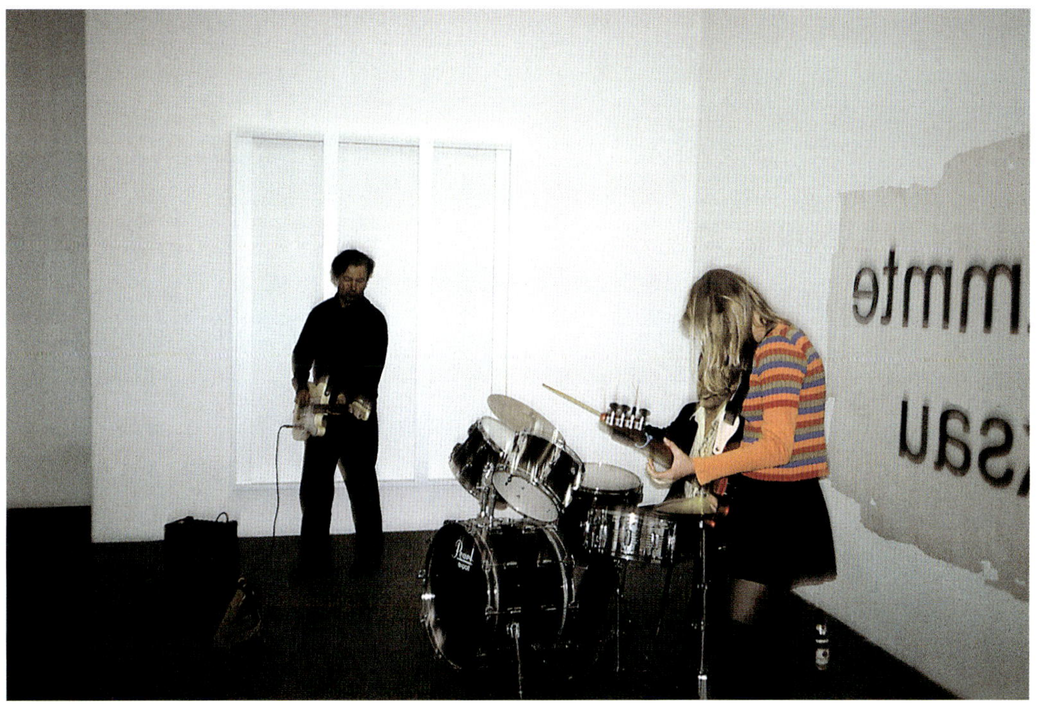

Form anstelle von Inhalt, Inhalt anstelle von Form. Modell anstelle von abstraktem Zeichen, Plakat anstelle von Original, Signatur anstelle von Unpersönlichem, Anlage anstelle von Bild. Fläche anstelle von Leere, Lichtraum anstelle von Farbfläche, Farbfläche anstelle von Raum. Raum anstelle von Skulptur, Raum *als* Bild und Skulptur. Im Wahrnehmen dieser wechselweisen Aufhebung und Bestätigung ist für den Betrachter in offenster Weise Raum gegeben für die Frage nach dem Bild und seiner Referenz zur Wirklichkeit. (... und ready-mades) Ab Mitte der 90er-Jahre beginnt Miller dann parallel mit gefundenen, existierenden Materialien stärker installativ seinen Bildbegriff auszuformulieren, wobei hier der physisch unmittelbare, konkrete Raumbezug ausschlaggebend ist. Ein wichtiger Ausgangspunkt dieser Arbeiten ist 1995 *Wildest Dreams*: Mit vier unterschiedlichen Stühlen markiert Gerold Miller die Ecken seines Ausstellungsraumes im Esslinger Bahnwärterhaus. Dieses Prinzip wird im Folgenden variiert mit den vier Lautsprechern einer Musikanlage, mit Zigarettenkippen, mit Bierkisten und einem Gummitwist, mit Blumen und Farbverlauf, oder mit Unterstützung von Viktor, einem Hund, der 1996 nach dem Studium des Ausstellungskataloges von Gerold Miller die vier Ecken eines Münchner Ausstellungsraumes ‚markierte'. (Solches Aufgreifen von Realien ist der Hintergrund für Gerold Millers neuere Plakatarbeiten, die den Grundgedanken des „anstelle von" noch einmal präzisieren. Wie eingangs beschrieben, hat der Künstler in Polen 1995 diesen Typus des farbigen Posters mit einem ‚explodierenden', die Bildfläche zu den Ecken hin sprengenden Sterns entdeckt, das als Platzhalter für leer gebliebene Werbeflächen benutzt wird. Anlass, sich an diese zufällig gefundene Real-Referenz zu seiner künstlerischen Arbeit zu erinnern, war eine Einladung von Christoph Tannert zur Teilnahme an der Ausstellung *Agitprop*, Berlin 1998. Das am Berliner Prater gelegene Theater von Christoph Schlingensief hatte ein einwöchiges Theaterfest organisiert und die Initiative zu einem parallellen Kunstprojekt im öffentlichen Raum gegeben. Da Gerold Miller über keine fotografische Vorlage des polnischen Originals verfügte, hat er das Motiv am Computer aus der Erinnerung entworfen und die eher dezente Farbgebung des Vorbilds mit Neonfarben signalhaft überblendet. Mit diesen ‚ready-made' Leerstellen besetzt der Künstler nun wiederum eine öffentliche Fläche im Stadtraum, und zwar die Plakatwand einer Bushaltestelle am Prater, der die wellenförmige geschwungene Bank eine ganz eigenwillige Physiognomie gibt. Später kommt das re-konzipierte ready-made zum Einsatz für Millers Esslinger Beitrag zu *The Space Here Is Everywhere*, einer Ausstellung in der Villa Merkel zum Thema Kunst und Architektur. Hier explodiert der weiße Stern vor leuchtend rotem Grund in Gestalt einer komplett neuen Wandverkachelung für die Herrentoilette. Der Titel lautet *Plan 1*, womit der Künstler eine neu einsetzende Gruppe von Projekten ankündigt, die für eine spezifisch architektonische Situation oder öffentliche Räume entwickelt sind, sei es im Stadtraum oder in öffentlichen Institutionen, und dort permanent bleiben. (Motivwiederholung versus Begrenzung – Ein Gespräch mit Peter Roehr) Die Einladung der Ausstellung *Fort! Da! Cooperations*, Esslingen 1997 ‚verführt' Gerold Miller 1995 zu einem Exkurs in die jüngere

Kunstgeschichte und dies unter dem dezidierten Gesichtspunkt der ‚Auflösung von Bildlichkeit'. Aufgefordert, sich nach 1960 entstandene Werke aus der Sammlung der Staatsgalerie Stuttgart zu einer eigenen Arbeit hinzuzuwählen, entschied sich Miller für eine kleine Arbeit von Peter Roehr, der Anfang der 60er-Jahre das Verfahren der Motivwiederholung gefundenen Bildmaterials konzeptuell entwickelt hatte, und eine Neonarbeit von Dan Flavin. (Die von Gerold Miller hinzugewählten Künstler Dan Flavin und Peter Roehr haben, mit gänzlich anderen Mitteln und Ergebnissen, in den sechziger Jahren entschieden an der auch für Miller zentralen Frage der ‚Auflösung von Bildlichkeit' gearbeitet. Der Ende 1996 verstorbene Flavin, indem er mittels des farbigen oder weißen Lichts handelsüblicher Leuchtstoffröhren ganze Räume zum ‚Bildlicht' werden lässt, der jung verstorbene Peter Roehr, indem er recyceltes Bildmaterial aus Presse, Werbung etc. zu tendenziell offenen, seriellen Reihungen aneinander fügte. In einem Gespräch hat Gerold Miller selbst seine Auswahl als eine Standortbestimmung seiner Kunst in der Nachfolge von Minimal Art und Konzeptkunst erklärt: „Das Thema der Bildauflösung ist für alle drei bestimmend, ebenso ein streng methodisches Vorgehen. Bei Peter Roehr durch Wiederholung einer Bildeinheit, wobei die Motivwiederholung dann doch genau festgelegt ist und sich in ihrer Ausgewogenheit wieder zur Einheit einer eindeutig bestimmten, kontrollierten Fläche zusammenschließt, bei Flavin geschieht die Bildauflösung durch das Licht, zugunsten eines Raumeindrucks. Seine Neonröhren bilden als Linien eine ‚Positivform', welche die Fläche als ‚Negativform' erscheinen lässt. Hier sehe ich die Korrespondenz zu meiner Arbeit, auch darin, dass Skulptur bildhaft wird, Plastisches und Malerisches untrennbar verbunden ist. Mit der Eingrenzung schaffe ich in meinen *Anlagen* Kontrolle über eine ganz bestimmte Fläche, Fläche verstanden als Teil in Bezug auf das Ganze außen. Es sind Binnenräume, die sich gegen die Vielheit abgrenzen, insofern läuft meine Arbeit derjenigen von Peter Roehr diametral entgegen. Das heißt, bei mir wird die Idee als Begrenzung *Realität*, bei Roehr wird die Realität durch die begrenzte Wiederholung zur *Idee*." (Damit sind die entscheidenden Parameter gegeben, die das überraschende Auftauchen und die massive optische Präsenz der vervielfachten Pamela Anderson in Gerold Millers zeitgleich zu *Fort! Da!* eingerichteter Einzelausstellung in der Städtischen Galerie Ravensburg verständlich werden lassen. (Die Einbeziehung von Realien aus unterschiedlichen Kontexten und die Aktivierung vorgefundener Situationen als entschiedene Reflexion auf den Ort, also auf das Wo des Erscheinens der Bilder hat Gerold Miller weitergeführt. Sie ist im Hinblick auf *Plan 1* und die Singener Arbeit *Plan 2* interessant vor allem hinsichtlich des neu in seine Arbeit eingeführten Prinzips, durch seriellen Einsatz eines gefundenen Bildmotivs die Begrenztheit des Bildes aufzulösen. Die Auseinandersetzung mit dem Werk von Peter Roehr hat also dazu geführt, dass Gerold Miller das Verfahren der Motivwiederholung als komplementäre Möglichkeit erkennt, den Ausschluss von ‚Inhalt' durch Reflexion auf die ‚Form' des Bildes, als das Prinzip des „anstelle von" aus einer anderen Perspektive anzugehen. Dabei ist schon wichtig zu bemerken, dass es nicht auf das Motiv als solches ankommt – anstelle von Pamela hätte es auch ein Ferrari getan – sondern auf die Signalhaftigkeit des Motivs; und in dieser Hinsicht war 1995 den Rundungen des weiblichen Modells mehr zuzutrauen als denen eines Ferrari. (Eine Längswand des Ravensburger Ausstellungsraumes war mit einer Abfolge von *Anlagen* verschiedener Formate und Datierungen wie eine kleine Retrospektive konzipiert. Drei weiße Neonleuchten hatte der Künstler durch blaue ausgetauscht – eine unspektakuläre kunsthistorische Bemerkung in Anlehnung an Dan Flavin, gleichwohl beeinflusste das bläuliche Licht den ‚Lesemodus' der *Anlagen* an der gleichen Wand, die nun in einen atmosphärischen Farbverlauf getaucht schienen. Die gegenüberliegende Wand dominierten zwei paarweise angeordnete, große schwarze *Anlagen*. Deren äußerst reduzierte Körperhaftigkeit stand als Bildobjekt von 12 m Länge und 5 m Höhe die vollbusige Plastizität von Pamela Anderson in endloser Wiederholung kontrapunktisch gegenüber. (Vorläufer dieser Arbeit ist ein 1995 von Gerold Miller gedrucktes Ausstellungsplakat, das ausschnitthaft das Profil des Star-Modells Cindy Crawford mit dem charakteristischen Muttermal zeigt. Das Plakat basiert auf einer unverändert belassenen, nur vergrößerten Seite aus einem Magazin. Rechts neben das Muttermal war auf dem Plakat die Signatur Gerold Millers gedruckt sowie die Bezeichnung *o. T., 1995, Modell. Stelle*, ein zunächst ironisch anmutender Akt im Sinne einer Geste Duchamps, wodurch Gerold Miller das Muttermal der berühmten Schönen zu seiner Arbeit erklärt. (Ich habe eingangs formuliert, dass die künstlerische Arbeit von Gerold Miller die Frage aufwirft, was unsere Vorstellung davon, was ein Bild ist, bestimmt. Ich muss an dieser Stelle nun einen Schritt weiter und über diese erste Formulierung hinausgehen. Denn wenn bei Gerold Miller die Frage nach dem Bild gestellt wird, dann geschieht das stets in der Negation. Denn das *Wie* seiner Arbeiten (die anschauliche Phänomenalität der *Anlagen*, ihre materielle Substanz) und das *Was* (ihre Darstellungs- und Evokationsqualitäten) sind sekundär im Vergleich mit der weitergehenden Intention, die Bedingungen zu definieren, warum etwas an *diesem*, vom Künstler bestimmten Ort erscheint. Im Zentrum der künstlerischen Überlegungen steht die Frage der Zuordnung der Teile zueinander und zum umgebenden Raum, immer stehen sie in einem Lageverhältnis und definieren sich dadurch – das gilt für jede einzelne der *Anlagen* ebenso wie für die Ravensburger Ausstellungskonzeption oder für *Präzisieren*. Bezogen auf die letztere Arbeit etwa bedeutet das, dass erst der präzisierende bildhauerische Eingriff die ‚Bildlichkeit' des Zigarettenautomaten für uns erfahrbar macht, insofern er von seiner Warenfunktion befreit ist und wir seine ästhetische Funktion wahrnehmen können. Nun ist aber zweifelsohne der Automat genauso unbedeutend wie der Leberfleck im Gesicht von Cindy Crawford. Das heißt, beide gewinnen ihre Bedeutung allererst durch das Wo ihres Erscheinens – der Automat durch seinen definierten Ort in einer künstlerisch organisierten Fläche, der Leberfleck durch seine Überführung in eine komplexe künstlerische Struktur. Wenn das so stimmt, dann kann eine weitere Radikalisierung dieses Ansatzes auch zu der Konsequenz führen, dass dieses Wo ein leerer Raum ist, der sich erst durch die Einführung eines Betrachterstandpunktes als ein mit

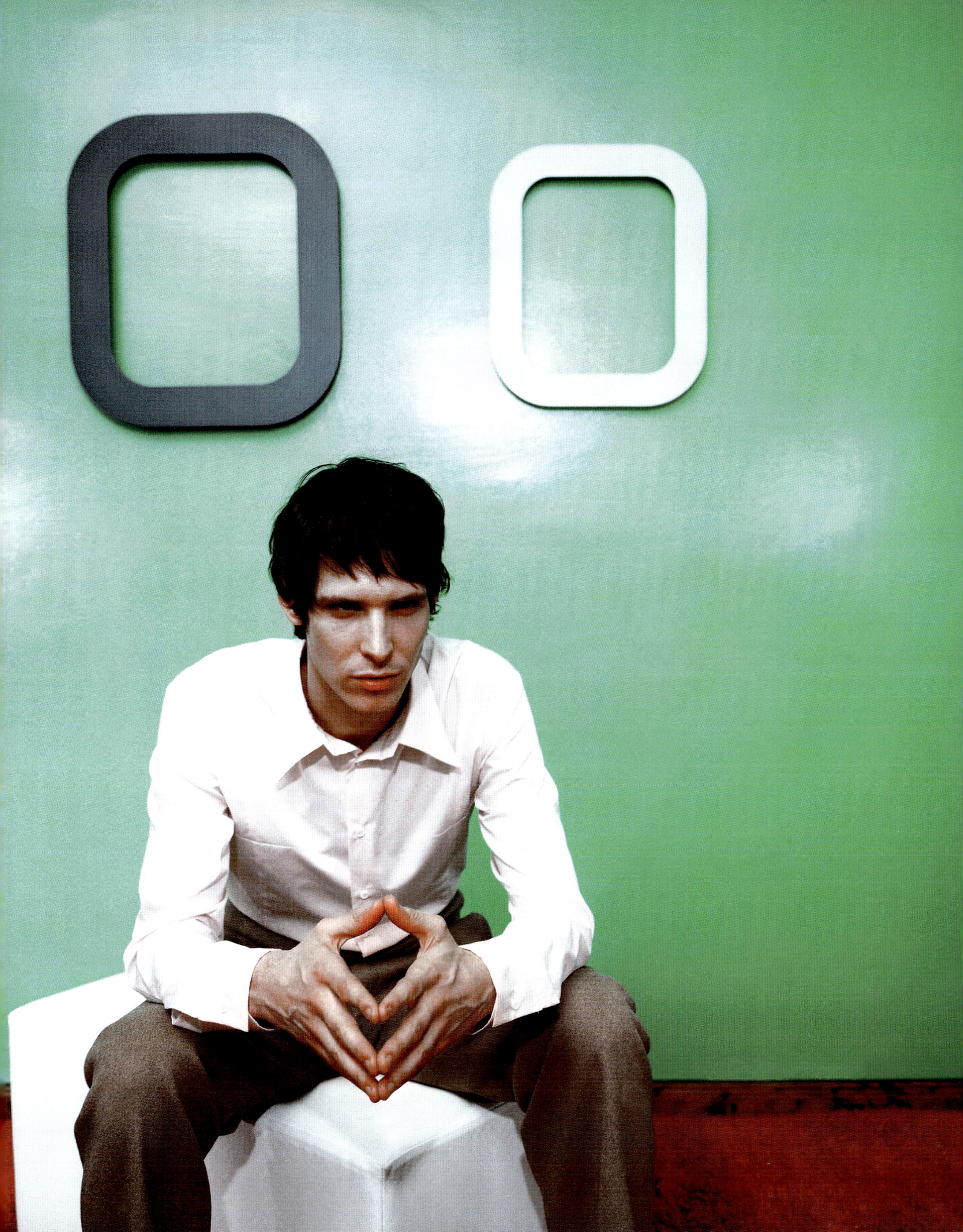

Bedeutung angefüllter erschließt. (*Plan 2*, Singen 2000) Für seinen Beitrag zum Singener Kunstprojekt *Hier, Da und Dort* hatte Gerold Miller sich eine etwa 9 x 7 m messende, leere Wand an einer viel befahrenen Straßenkreuzung im Zentrum Singens ausgewählt. Die Seitenfassade des Hauses ist von vielen Punkten aus gut sichtbar. Die hochrechteckigen Proportionen der Wand entsprechen in etwa einem klassischen Bildformat, das Miller auch für seine *Anlagen* bewusst einsetzt. Die durch eine Sockelzone noch einmal exponierte Leere der gegebenen Wandfläche verlangte geradezu nach einer künstlerisch-bildhaften ‚Präzisierung'. Das Gebäude selbst, die urbane Umgebung und die Werbeflächen zeigen einen an die Ästhetik der 70er-Jahre erinnernden Anstrich, weshalb der Künstler sich als Grundfarbe seiner Arbeit für ein kräftiges Rotorange entschieden hat. So fügt sich, entsprechend der künstlerischen Absicht, *Plan 2* organisch in das visuelle Erscheinungsbild des Ortes ein und entwickelt zugleich, einmal als artifizielle Formulierung wahrgenommen, eine herausragende, eigenständige und intensive Präsenz. (Als Material seines Wandbildes hat Gerold Miller Aluminiumkassetten mit den Maßen 88,8 x 63,6 cm ausgewählt, die von einer darauf spezialisierten Firma hergestellt und als Fassadenverkleidung gebräuchlich sind. Das Motiv des explodierenden Sterns wird, wie im Falle der Esslinger Kachelung, im Siebdruckverfahren aufgebracht. Die Kassetten haben als Objekte eine Tiefe von etwa 10 cm, sie sind als Fläche auf der Wand also sowohl als flaches Bild wie als dreidimensionaler, plastischer Farbkörper wahrnehmbar. „Anstelle" der Redundanz einer leeren Fläche tritt hier die signalhafte Permanenz des dynamischen Raum-Bildes.

1 Klaus Englert, Tony Smith im Instituto Valenciano de Arte Moderna, in: FAZ, 10. Mai 2002. 2 Zur Ausstellung ist eine Katalogcassette erschienen mit individuell gestalteten Beiträgen (Texthefte, Multiples, Grafiken, Fotos u. a., Auflage 400) der beteiligten fünfzehn regionalen und internationalen Künstlerinnen und Künstler. Bezug über die Villa Merkel, Esslingen. 3 Friedhelm Röttger, Stachel im Fleisch des Apparats, in: Esslinger Zeitung, Pfingsten 1994, S. 35. Siehe auch: Stephan Berg, Die Wahrheit über den Zigarettenautomaten, in: Gerold Miller, Präzisieren, Beitrag zur Katalogcassette *Widerstand – heute!?* (vgl. Anm. 2), hrsg. von Renate Damsch-Wiehager, Esslingen 1994. 4 Die anderen beteiligten Künstler aus Deutschland waren Simone Westerwinter und Mathis Neidhart. 5 Vgl. Jan Winkelmann: Gerold Miller. Der Leipziger Raum, in: Kat. Primary Structures, Galerie für zeitgenössische Kunst Leipzig, 1999, S. 23 f.

(Seite 69 / *page 69*) ready-mix c23, 1999, Aluminium eloxiert/*anodized aluminium*, 60 x 52 x 4 cm,

ready-mix c14, 1999, Aluminium eloxiert/*anodized aluminium*, 50 x 42 x 3 cm

(Seite 71 / *page 71*) ready-mix a2, 1999, Aluminium/*aluminium*, 200 x 200 x 15 cm

(Seite 74 oben / *page 74 top*) Galerie der Stadt Stuttgart, 1997

(Seite 74 unten / *page 74 bottom*) DaimlerChrysler Zentrale, Stuttgart-Möhringen, 1997

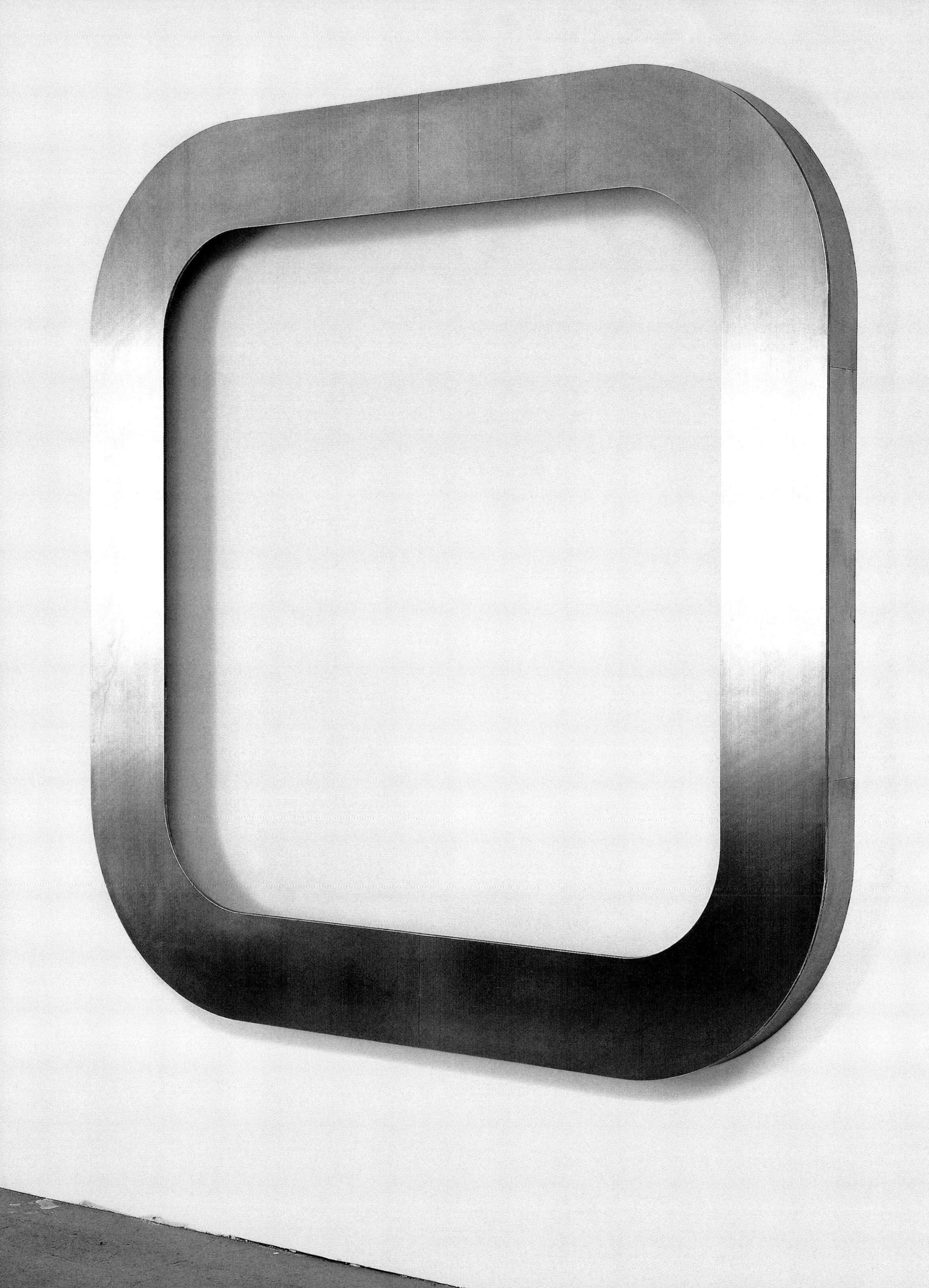

„It was *you* who said empty promises" – About Gerold Miller *by Renate Wiehager*

New Jersey, USA, in the early 60s. Tony Smith, one of the first exponents of Minimal Art, set off with a few students for a night-time spin on one of the multi-lane motorways. Something that can be quite an exciting experience during the day became a kind of aesthetic ‚revelation' for Smith at night – because of the monotony of the endless central reservation and the never-ending sequence of crash-barriers: „The artist and sculptor is fascinated by the stark artificiality of the asphalt, the unnatural linearity of the road and the complete absence of inspiring landscape. The artificial suddenly unveiled its aesthetic appearance."[1] (In 1964 Tony Smith, with artists like Morris, Truit, Flavin and others, took part in the *Black, White, and Grey* exhibition in the Wadsworth Atheneum, Hartford, Connecticut. This was considered to be the first Minimal Art exhibition. Smith showed the sculpture *Die*, a black steel cube with all its edges 183 cm long. The artist stresses in his description of the work that it was made to his specifications by professional steelworkers, so that it was impossible for viewers to have any sense of an artist's hand operating individually. Also in 1964, the National Design Centre in Chicago opened an exhibition of 193 trade marks, symbols and logos called *Trademarks/USA*, the first national exhibition of a selection of Corporate Design since 1945. If one wants to see the artificial, material reduced and serially gridded quality of urban spaces as a visual source of historical Minimal Art, then it is essential to look at the architecture and Corporate Design of that period as well. The development of minimalist tendencies in America and Europe from the phenomenological study of everyday culture in the sixties – perhaps a more detailed examination of this view, so far discussed only partially, would provide us with a new assessment of Minimal Art and also of minimalist tendencies in current contemporary art. (There are two decisive events in the work of Gerold Miller that are significant in this respect: his contribution to the *Widerstand – heute!?* (Resistance – today) exhibition in Esslingen in 1994, and his first visit to Poland in summer 1995.

(The picture as boundary and The cigarette machine in the precise field of resistance)

What is a picture? How does a picture relate to the wall, to space, to architecture? Is the picture the end product of a mainly reflexive process, and in a field of transition between the genres: picture – relief – sculpture – architecture – space? Gerold Miller has devoted himself for about fifteen years to the question of ‚pictorial quality' in the border territory of sculpture, three-dimensional object and relief, of a limited wall area and sculpturally-pictorially defined space as support. While the material basis has become increasingly clearly differentiated over the years, at the same time work on a conceptual view of ‚picture' has shifted into the foreground. Miller's early examination of Concrete Art and Minimal Art crucially points up this concern with dimensions, structures, volumes, with minimal deviation, the relationship between limited and surrounding space, the activation of an imaginatively mediated pictorial surface that is only ‚meant', and thus implicitly the relationship with painting. These investigations flow first of all into the concept of the *Anlagen* – a group of works consisting of wall-related steel reliefs. (Since about 1995, it has been possible to observe an astonishing expansion and radicalization of the artistic questions he poses. Of course an expansion of this kind is necessarily associated with reaching out into other media and above all with including real objects – from a photograph of Cindy Crawford's birthmark to the activation of real space as a potential picture. But here too, as correspondingly in the case of the *Anlagen*, the *material* basis of the works is kept to a minimum in order better to challenge the viewer's *reflexive* input. (An auspicious step for the development of Gerold Miller's work in the 90s, up to the point of his public and museum-placed ‚space pictures', was the artist's contribution to the *Widerstand – heute!?* exhibition, a project realized by the author in 1994. The basic idea behind it was to use the 50th anniversary of the failed attempt on Hitler's life by Claus Schenk Graf von Stauffenberg to reflect once more in artistic terms about the concept of „resistance" and the inflation it has undergone, and to do this in an exhibition taking place in public urban space – the old town in Esslingen.[2] Friedhelm Röttger wrote about Gerold Miller's contribution *Präzisieren* (Stating more precisely) in the Esslinger Zeitung: „Gerold Miller sees the necessity of resistance ‚in refusing to accept over-hasty solutions and simple suggestions of meaning' (S. Berg). His *Präzisieren* project is appropriately difficult to locate on a shabby garage wall in Milchgasse: one two-armed aluminium strip mounted in the base zone and one in the roof area repudiate the inner (old) city ambience with its crude mixture of naturally evolved space and functional architectural compromise by using minimalistically austere resources to make a pure area, indeed an imaginary cube, possible."[3] (I feel that two observations are important here: firstly that we are dealing with a very simple work that is easy to understand in principle, unspectacular in the best sense. The unassuming cigarette machine is taken up in such a way that its random position in its real, less than designed situation becomes a *definite* place as a result of the minimal, intervention that ‚states more precisely'. This minor intervention into the organization of an urban structure does make the place into a picture, as Stephan Berg pointed out, and yet the whole thing retains a high degree of openness as well, both in terms of its opening up to the street space and also in the view of its form, oscillating between a ‚space-seizing' pictorial quality and a ‚flat' plasticity. (A second important observation lies in the reference to the possible „imaginary cube". The fact is that the corner strips make a more precise statement about the space not just as one that is potentially pictorial, but also define it in the third dimension, in other words in its corporeality, even if this is reduced to a minimum. The angles are not just bodies in their own right, but a space-defining element, they are abbreviations of space: if an extension of them is imagined, they form wall, ceiling and floor, in other words the open form of a cube. (Gerold Miller developed the concept of a public picture-space that he has formulated for the *Widerstand* exhibition further in Sydney and Brisbane, Australia in 1997. The street façade of the Sarah Cottier Gallery in Sydney is a

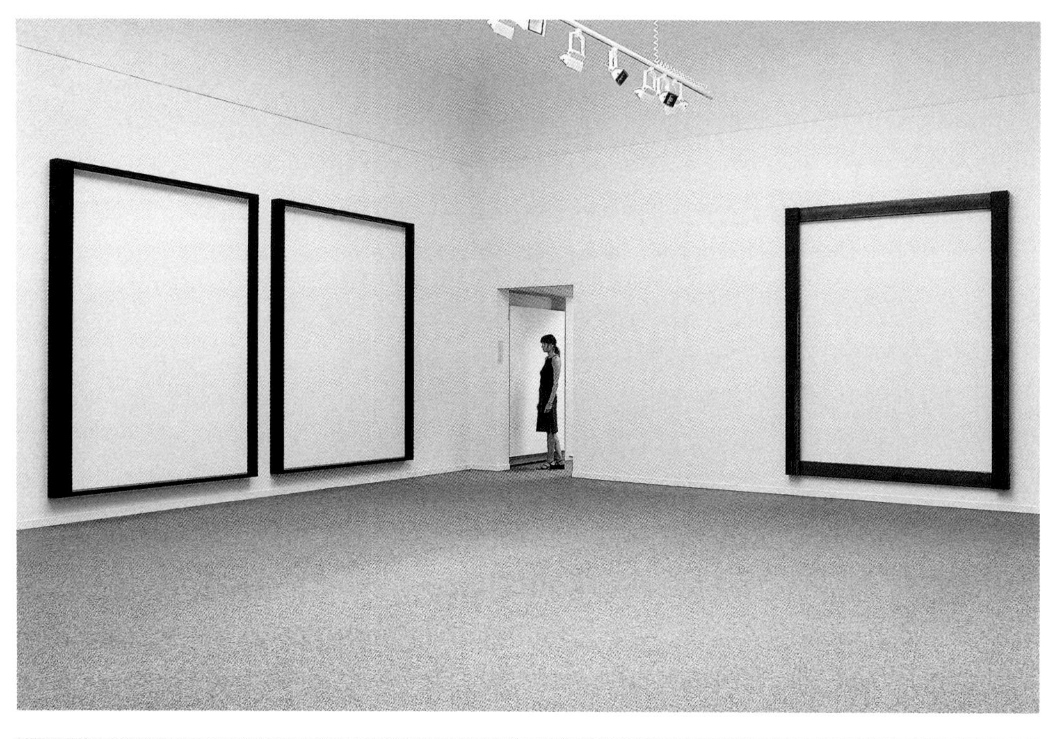

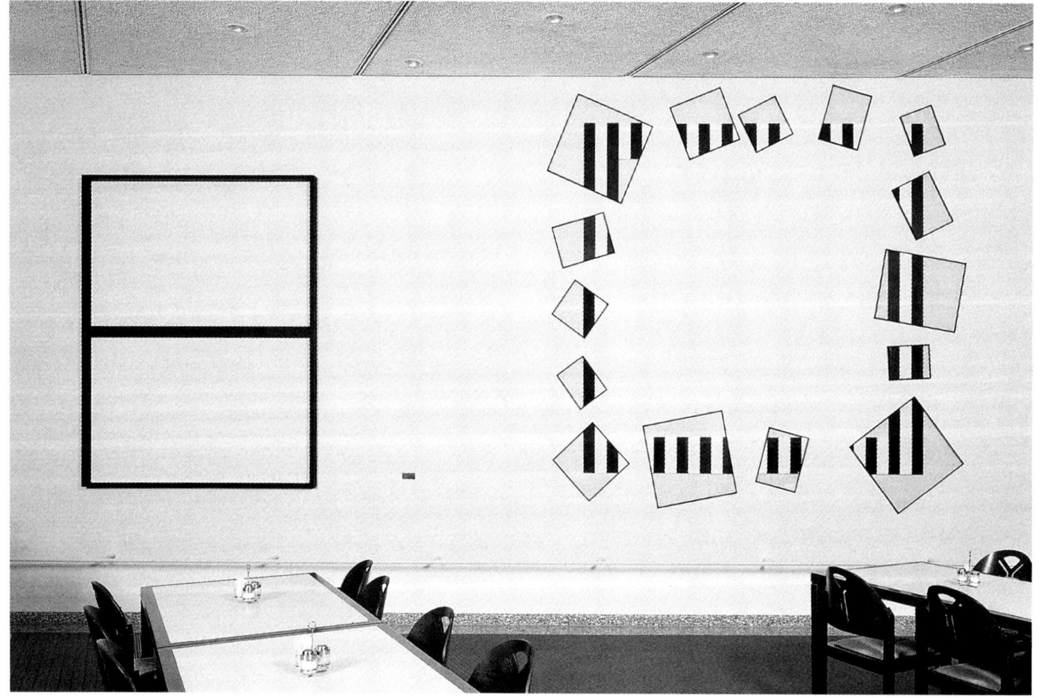

fun area for wall painting, signs and graffiti of all kinds. Miller's attempt to make this information chaos more precise in pictorial and spatial terms is based on four aluminium strips, again with two arms, each 50 cm long and 15 cm deep. These are placed in such a way that they define an apparently randomly selected area, a rectangle placed longways. It concludes with the door lintel at the top, but cuts off at the bottom 30 cm from the head height of the door. The strips that are placed in staggered positions at the sides define the breadth of a picture-space that does not shift a single element of the façade into the centre. It could even be said that the apparently arbitrary mounting of the strips further emphasizes the existing disorder, indeed expresses it demonstratively. Perhaps it is the case that the sign chaos is formulated and sustained by the artistic intervention, but accepted and reflected as a decentrally eddying and meaningless muddle. (The intervention called *It's Michael and me*, also intended to make a more precise statement, for the entrance façade of the Institute of Modern Art in Brisbane is quite different. The white-painted façade, entirely free of contributions from graffiti artists, and the large, geometrically divided glass façade are a guideline in their own right, demanding an aesthetically defined and at the same time reticent formulation. The artist supports the geometrical austerity that is prescribed in this way by fixing two aluminium strips at a medium height and visually at the same distance from the entrance façade, but with a difference of 3 cm (height 179/182 cm). A minimal deviation, but one that – once it has been noticed – questions the regular arrangement of the whole structure. As the title of the work, *It's Michael and me*, already indicated, the dimensions of the strips refer to the height of the museum director and the artist's height. Gerold Miller undermines the austerity and anonymity of the façade with a ‚private' remark meaning that the dimensions of the work are no longer described as objective calculations, but as a picture-like sign of a subjective relation. (Gerold Miller spent ten days in August 1995 in the little Polish town of Piotrków Trybunalksi, where he was taking part in an artist's symposium in Esslingen's twin town. The empty space to which Miller's *Anlagen* give a shape three-dimensionally and pictorially, and above all materially, is confronted with language in the Polish exile – affirmatively and ironically. *Reflection camp for ambitious artists* is the title of a postcard showing the artists, resigned to melancholy self-reflection, outside their spartan accommodation, the text on the back mentions the details that are customary by western exhibition standards: place, time, participants, thanks.[4] It was dispatched all over Europe in a print-run of 3000 copies, thus generating a public for the ‚empty' space of possible picture production that would not be equalled – in relation to Miller's work in the 90s – until his *Plan 2* contribution to the Singen art project *Hier, Da und Dort* (Here, There and Everywhere). (But Gerold Miller's visit to Poland is crucial to the motifs and motivation for his space-related picture concept in a much more important way than the aspect of publicly explosive formulations. While on a bus journey through Piotrków Trybunalksi, the artist noticed an advertisement hoarding on which one particular poster kept recurring among all the current material; it showed a kind of star-flash as a motif. The interpreter explained that Polish postering firms use prefabricated posters of this kind as placeholders for empty spaces, in other words for unsold advertising space. A few years later this motif returned, first in a busy avenue in central Berlin, in various European galleries and then in the gentlemen's toilet in the Villa Merkel museum in Esslingen. In the year 2000 it was used as a public, dynamic spatial image, attracting the attention of Singen residents and visitors to the Landesgartenschau in Singen.

(„Anlagen“ and the picture concept)

Gerold Miller's work as an artist raises the question of what actually limits or determines our idea of what a picture is, or more generally, *where* a picture can be today, and *what* can be a picture. Linked with this are – for the artist and for us as viewers – fundamental considerations about the pictorial quality of the picture; about the question of the limited nature of the picture quite simply as a categoric definition of the picture; about the question of composition and the distance between picture and viewer; about the relationship between form and colour; about the question of the legitimation and overcoming of the limitations of the picture or of the picture as a limit – the latter affects the three-dimensional facticity of Gerold Miller's work and the conditions of its reception.

(Gerold Miller calls his works in steel since 1991 „Anlagen“, and it is worth thinking about the associations that this title invokes. The first association would probably be with a technical „Anlage“, a fortress or a park, in other words a planned form. But an „Anlage“ can also be something added on, or an increase in capital, where money is involved. It can be a character trait, or, psychologically, the totality of a human being's basic physical and mental capabilities, the complete dynamic of response possibilities. Finally in art-historical terms we see the action of „anlegen“ in the context of painting as implying the first sketch for a picture. We can „anlegen“ a ruler, in other words a measuring device, or „anlegen“ in the sense of drawing up aims, drafts or plans. It seems to me that the open, ambiguous form of „Anlage“ as a concept reflects the openness of the works, yet at the same time they are extremely precise, both in their form and in their relationship to the wall as their place.

(It is true of all the *Anlagen* that the paint is so applied that it combines with its support in a completely monochrome way, in other words shows no sign of a ‚line‘. This emphasizes a cool, rational, de-individualized element within the works, although the artist does make highly subjective formal and aesthetic decisions in detail. *Anlage 58*, dating from 1995, breaks with this requirement in a surprising and yet logical way. The steel strips are placed, and this too is new, not at right angles to the wall, the horizontal strips are fastened flat on to the wall, while the vertical side strips are welded on to these in such a way that the *construction*, in other words the assignment of the parts and their welding are definitely emphasized at the points of contact. The paint, a semi-matt black, was poured out over the side sections and has combined with the support as it flowed freely, or formed trickles and empty areas at the sides. What Gerold Miller has achieved with this minor gesture is that paint and support are no longer one for the viewers, but enter their consciousness as autonomous units. The paint is thus liberated from the picture as its material

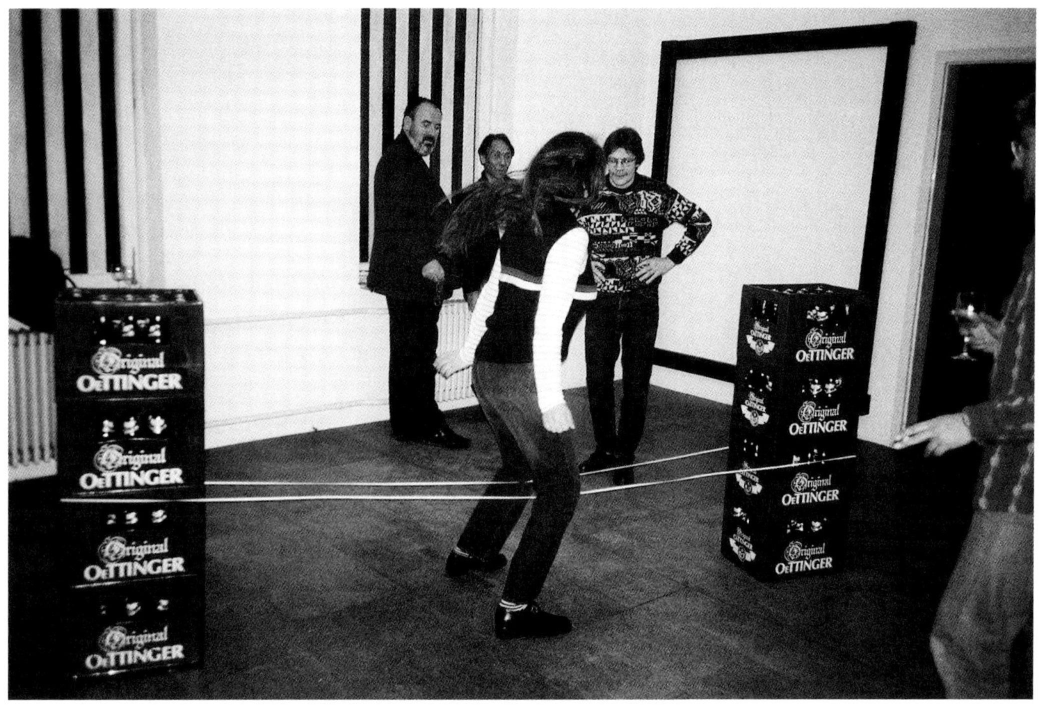

substrate and from the limited form, whose defining precision and conceptual austerity it brings out all the more clearly through the random way in which it has flowed. (It is crucial for the understanding of the *Anlagen* that they are not about imposing boundaries on a piece of wall and at the same time excluding the surroundings – and so the function that a picture frame would have is deliberately negated. Perhaps the most accurate definition of Gerold Miller's *Anlagen* is that they bring together as much as they divide. (ready-mix and hard:edged ...) In 1997 Miller started on the *ready-mix* works: here the material is anodized aluminium, the corners are rounded off and the even, broad strip forms a largely two-dimensional border. So while the *Anlagen* address combining with the surrounding space through volume, in the case of the *ready-mix* works this happens through the relationship of the surface to the wall. Both the work groups are striving for a new *definition* of interior and exterior space, in that all that appears inside and outside the framing strip is what is available as a matter of course. And in both cases Miller is concerned with ‚opening up' space, the picture-body is permeable towards the viewer and towards the space. (In comparison with Miller's *Anlagen*, the *ready-mix* works emphasize the ‚designed' and technical quality of their emergence for our perception in an almost provocative way. No viewer would imagine that an artist's hand has been at work here, choosing, weighing up or modifying, on the contrary, the coolly shining surfaces of the *ready-mix* works demonstratively reject any ‚empathetic' approach by the viewer. The way they are made is appropriate to this: the artist

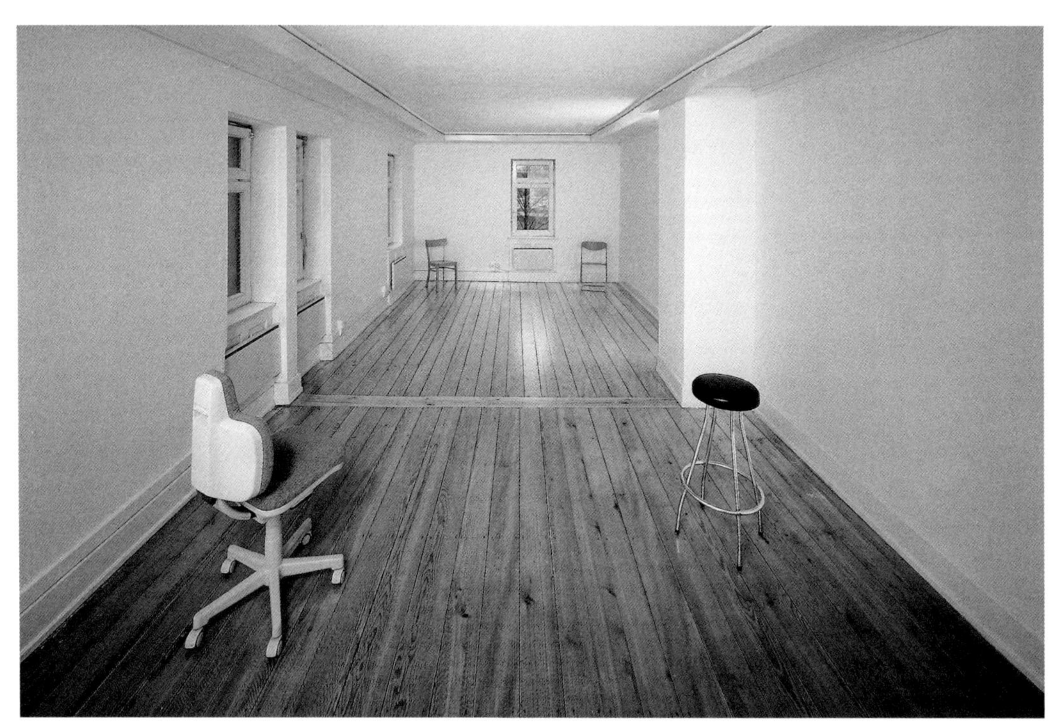

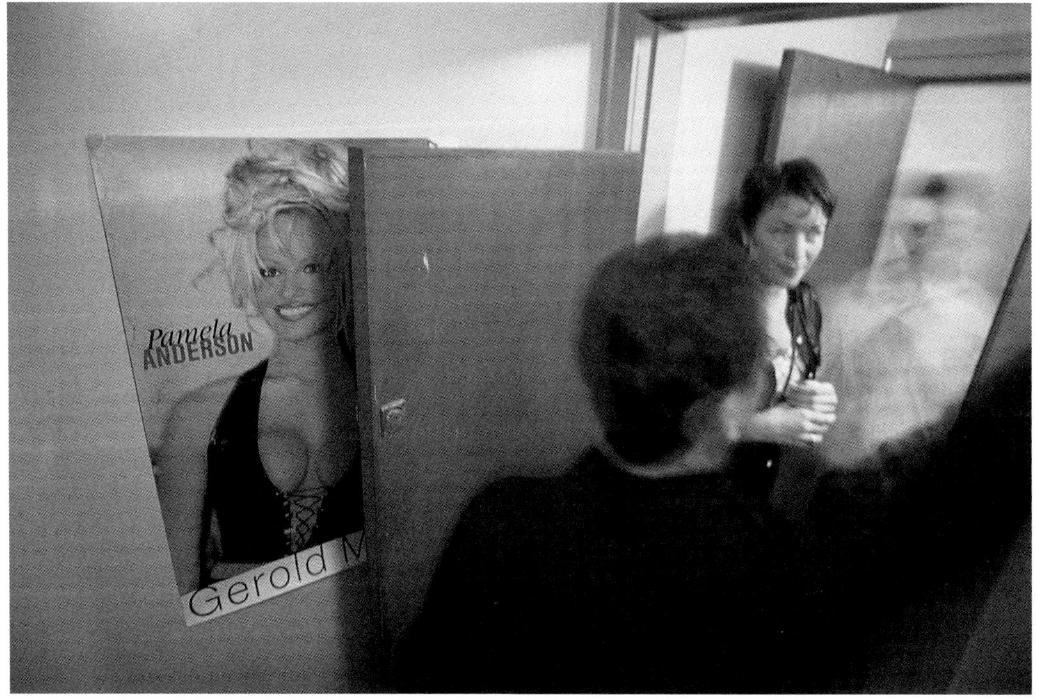
Pamela
ANDERSON
Gerold M

fixes the dimensions in his studio and chooses a shade from the manufacturer's range. Everything else, and here this means the crucial steps, happens as part of the manufacturing process. Gerold Miller has immersed himself in this process by conducting exhaustive research and discussions, he has tried to make the specialist workers committed and draw out the maximum of what is technically possible: the cast and pressed aluminium sheets are cut by a laser-water technique, the corners are bent by a process that is very complicated technically, the surfaces are anodized (the colour scheme nuances are also exploited to their full value) and finally polished. (If one imagines this production process, which the artist is very happy to provide information about, indeed it is extraordinarily important to him as part of the work, then the title *ready-mix* that Gerold Miller has chosen for this group of works also becomes plausible, even in terms of making a clear distinction vis-à-vis the concept of the *Anlagen*. Obviously there are two starting-points, an art-historical one and an artistic and technical one. At first the ‚naïve' viewer will be reminded, perhaps with some surprise and displeasure, of the „Readymix" label that adorns the concrete mixers that are omnipresent on building sites, in other words lorries with revolving drums containing ready-to-use concrete. Any observer who is familiar with 20th century art will think of the concept of the „ready-made", underlining the character of the found object that is brought into the art system as an art-historical assertion and does not acquire a meaning until it is inside it. On another plane the title *ready-mix* places the artist's work in the context of a 90s generation and a pop world whose defining characteristic is a music culture that quotes and exploits quite uninhibitedly: in the music business „remix" means the aesthetically value-free use of set-pieces made up of musical trends and traditions that are fed into a sound continuum that confidently emphasizes its status as something fabricated and technically manipulated. (Since 1998, an independent group of about 70 coloured wall sculptures in the *hard:edged* series have been added to Gerold Miller's work. As we know, the art-historical term „Hard:Edge" was coined in 1958 by Julius Langsner when preparing an exhibition of geometrical and constructivist painters in California. Langsner was referring mainly to John Mc Laughlin with this concept. McLaughlin had spent time in Japan in the 30s, and studied Zen Buddhism; he did not start painting until he was in his fifties. McLaughlin and Peter Roehr are the two artists that Gerold Miller is addressing in his Hamburger Bahnhof exhibition, building one work by each of them into his concept. Miller's *hard:edged* works are made of aluminium angle strips, fitted together by a specialist firm and then treated with a special high-gloss paint. Unlike the *Anlagen* and the *ready-mix* works, the only areas that are painted are those directly facing the viewer, which means that the sides – like the sides of a painted canvas – remain visible as the material they are. (The *hard:edged* works have in common with the earlier work groups that the chosen colours and colour combinations are ‚selected' from the visible chaos of the daily world of signs: they are colours that the artist comes across on tour buses and posters, in fashion and advertising and in the Doner kebab shop in Kreuzberg. The only factor in the specific colour choice is the unambiguous effect and presence of the colour, there are no ‚allocations of meaning'. (... corner points in the colour progression ...) Any space, whether it be pictorial ‚space' or architectural space, is defined by its corner points. These are particularly important in all Gerold Miller's works. The works whose strips – as described above – are welded flat to each other form the transition between the *Anlagen*, which argue more strongly in three-dimensional terms to the *ready-mix* works, which are more wall-related. In the case of the *Anlagen* it is possible to speak of a more open definition of the picture as boundary, while the *ready-mix* works address the picture-boundary as a *progression* of form that cannot be defined unambiguously. Crucial here is that the viewer can access the border through a ‚fast', spontaneous act of perception, while in the case of the *Anlagen* greater attention has to be paid to the details of formal and colour decisions each time. The rounded corners mean that the *ready-mix* works tend towards a core, a nucleus, contrasting in the viewer's perception with the space reflected in the anodized surfaces. Then finally the motif of the star-flash, which was equally used for *Plan 2*, Singen 2000, functions like the photographic negative of the *Anlagen*: the points of the star expose the corner-points in dynamic movement from the inside. (The concept of a „progression" provides us with a keyword that articulates a logical connection with Gerold Miller's works using light and colour. For example, in 1997, for his exhibition in the Städtische Galerie Villingen-Schwenningen, he used three spotlights in the primary colours yellow-red-blue that moved automatically from right to left within an angle of 180 degrees, thus creating moving, overlapping areas of light and colour mixtures on wall, ceiling and floor. The colour progressions that were produced here were characterized by their removal of any boundary that could be fixed and touch on fundamental questions about painterly quality. Miller used these same colour progressions in his contribution *Leipziger Raum* (Leipzig Room) for the *Primary Structures* exhibition, Galerie für zeitgenössische Kunst Leipzig 1999, in the form of a wall painting. The chromatic colour progression, shifting from red via orange to green, was a found object that was then used as an effective presentation piece, a ‚real object' from advertising: here colour progressions of this kind are used as backgrounds that seem mobile and dynamic, in order to stage the motif that is placed in front of them in repose effectively. As a ground, the colour *progression* in Miller's *Leipziger Raum* formulates a counterpoint to the bordered form of the *ready-mix* works. The room as a pictorial situation conceived as a whole – here too the title underlines the basic interest behind the artistic considerations – replaces the individual image that borders and ‚individualizes' itself. The effectively mobile, ‚progressing' shape of form and colour as the basic constant of a ‚picture' removes the boundary between fore- and background, line and area, colour and corporeal volumes, between picture-object and picture-support – the space as a whole becomes a pictorial-sculptural event.[5] (On a broader basis of understanding, all the picture-constellations described so far are based on the „instead of" principle. Form instead of content, content instead of form. Model instead of abstract sign, poster instead of original, signature instead of the impersonal, „Anlage" instead of picture. Surface instead of emptiness, light-space instead of colour-area, colour area instead of space. Space instead of sculpture, space *as* picture and sculpture. In perceiving all these alternate cancellations and confirmations, the viewers are given their space in the most open way possible to ask questions about the picture and how it refers to reality. (... and ready-mades) Miller started to formulate his picture concept in a more strongly installative way from the mid nineties in parallel, using found existing materials. Here the physically direct, concrete spatial relation is crucial. An important starting-point for these works is *Wildest Dreams*, 1995: Gerold Miller marked the corners of his exhibition space in the Esslingen Bahnwärterhaus with four chairs. This principle is varied subsequently by using the four loudspeakers from a stereo system, cigarette ends, beer crates and twisted rubber, flowers and a colour progression, or with the assistance of Viktor, a dog, who ‚marked' the four corners of a Munich exhibition space in 1996, after studying Gerold Miller's exhibition catalogue. (Taking up real objects in this way forms the background to Gerold Miller's more recent poster works, which once again define the „instead of" concept more precisely. As described above, in 1995 in Poland the artist discovered this type of colour poster with an ‚exploding' star, bursting open the area of the image to the corners. Posters with this motif are used as placeholders for advertising spaces that have not been taken. An invitation from Christoph Tannert to take part in the *Agitprop* exhibition in Berlin in 1998 gave Miller a reason to remember this chance-encountered reference to his artistic work. Christoph Schlingensief's theatre in the Berlin Prater had organized a single-week theatre festival, and provided an initiative for an art in public spaces project at the same time. As Gerold Miller did not have a photograph of the Polish original he designed the motif on his computer from memory, and cross-faded the essentially respectable colour scheme of the original with signal-effect neon colours. The artist then used these ‚ready-made' empty spaces to occupy an open urban area, an advertisement hoarding at a bus-stop in the Prater, whose undulating bench made it look very unusual. Later this re-conceived ready-made was used for Miller's contribution to *The Space Here Is Everywhere* in Esslingen, an exhibition on the theme of art and architecture in the Villa Merkel. Here the white star explodes against a glowing red background in the form of completely new wall tiling for the gentlemen's toilet. The title was *Plan 1*, the artist's way of announcing the start of a new group of projects developed for a specifically architectural situation, for public spaces, whether in towns or in public institutions, and intended to remain there permanently. (Repeating motifs versus limitation – A conversation with Peter Roehr) The invitation to take part in the *Fort! Da! Cooperations* exhibition in Esslingen in 1997 ‚seduced' Gerold Miller into a digression into recent art history, in the context of the very particular point of view of the ‚dissolution of pictorial quality'. He was asked to choose works from the collection in the Staatsgalerie Stuttgart produced after 1960 to show with a work of his own, and decided on a small work by Peter Roehr, who had developed the process of repeating motifs from found pictorial material, and a neon work by Dan Flavin. (The artists chosen by Gerold Miller, Dan Flavin and Peter Roehr, had worried away in the sixties, using quite different resources and results, at the question, central for Miller as well, of ‚dissolving pictorial quality'. Flavin, who died in late 1996, used coloured or white light from standard fluorescent tubes to transform whole rooms into ‚pictorial light'. Peter Roehr, who died young, recycled pictorial matter from the press, advertising etc. by fitting it together to form tendentially open serial accumulations. In an interview, Gerold Miller himself explained his choice as a position definition for his art following Minimal Art and Concept Art: „The theme of dissolving the picture is defining for all three, and so is a strictly methodical approach. In Peter Roehr's case it is achieved by repeating a pictorial unit, which means that the motif repetition is then fixed completely, and comes together again in its balance in the unity of an unambiguously defined, controlled surface. In Flavin's case the picture is dissolved by the light, in favour of a spatial impression. As lines, his neon tubes create a ‚positive form', which makes the surface seem like a negative form. This is where I see a correspondence with my own work, and also in the fact that sculpture acquires a pictorial quality, that the plastic and the painterly are joined indivisibly. By imposing borders, I take control of a very clearly defined area in my *Anlagen*, an area seen as a part relating to the whole outside it. They are internal spaces bordered off against multiplicity, to this extent my work is diametrically opposed to Peter Roehr's. That is to say, in my case the idea becomes *reality* as a limitation, in Roehr's case reality becomes an *idea* through limited repetition." (This provides us with the key parameters for understanding the surprising appearance put in by and the massive visual presence of the duplicated Pamela Andersons in Gerold Miller's solo show at the Städtische Galerie Ravensburg, which was mounted at the same time as *Fort!Da!*. (Gerold Miller took the idea further by including real objects from different contexts and activating found situations as a definite reflection on the place, in other words where the picture appeared. This is of interest in terms of *Plan 1* and the Singen work *Plan 2* above all in terms of the principle that has been newly introduced into his work of using a found pictorial motif serially to dissolve the limited aspect of the picture. And so examining Peter Roehr's work led to Gerold Miller's recognizing the motif repetition process as a complementary possibility for approaching the exclusion of ‚content' through reflection on the ‚form' of the picture from another point of view, as the „instead of" principle. Here it is important to point out that the motif as such does not matter – a Ferrari would have done as well as Pamela – it is the signal quality of the motif that is important; and in this respect the curves of the female model seemed more reliable than those of a Ferrari. (A long wall in the Ravensburg exhibition space was conceived as a small retrospective, with a sequence of *Anlagen* in different formats and dates. The artist had swapped three white neon tubes for blue ones – an unspectacular art historical observation borrowed from Dan Flavin, although the bluish light did influence the ‚reading mode' for the *Anlagen* on the same wall, which now seemed plunged into an atmospheric

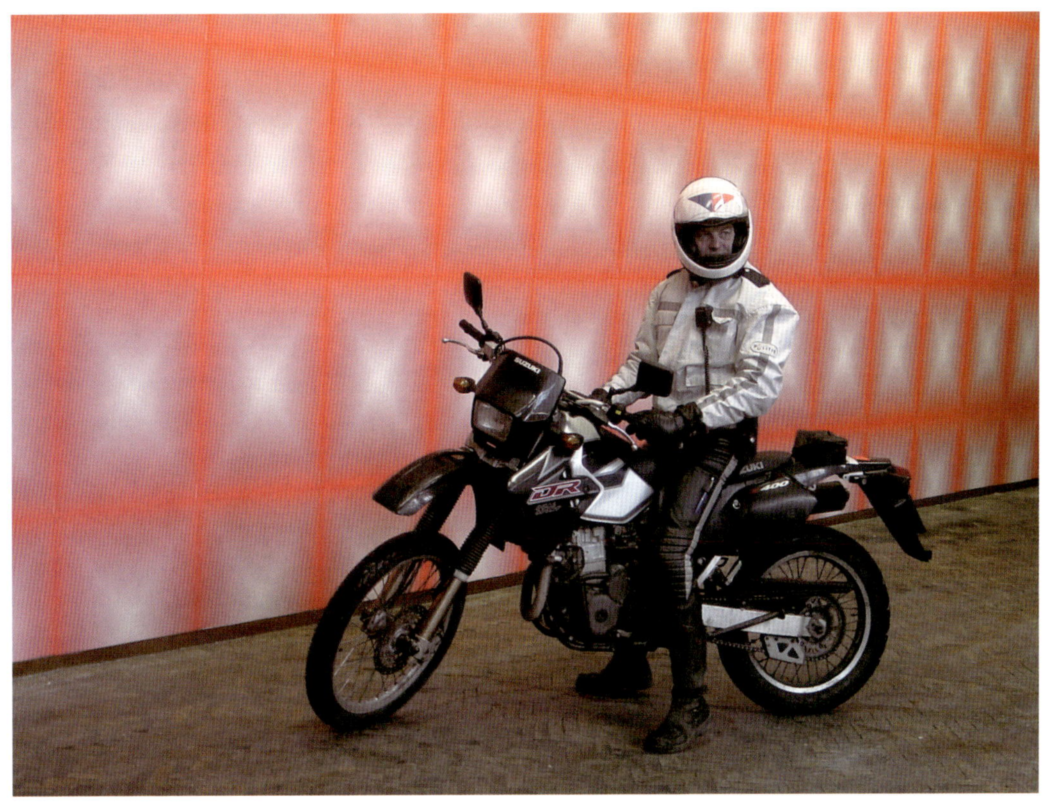

(Seite 77 / *page 77*) Galerie Achim Kubinski, Stuttgart, 1996

(Seite 78 oben / *page 78 top*) Bahnwärterhaus, Galerie der Stadt Esslingen, 1995

(Seite 78 unten / *page 78 bottom*) Cameron House, Brisbane, 1998

(Seite 83 / *page 83*) Aschenbach & Hofland Galleries, Amsterdam, 2002

colour progression. The opposite wall was dominated by two large black *Anlagen*, arranged in pairs. Their extremely reduced corporeality was juxtaposed in counterpoint with a picture object 12 m long and 5 m high showing Pamela Anderson's curvaceous plasticity in endless repetition. (A forerunner of this work is an exhibition poster printed by Gerold Miller in 1995, showing a detail from the profile of the star model Cindy Crawford with her characteristic birthmark. The poster is based on a page from a magazine which was left just as it was, except for being enlarged. Gerold Miller's signature was printed on the right by the birthmark on the poster, as well as the descripion *o. T. (untitled), 1995, Modell. Stelle*, an at first seemingly ironic act in the spirit of a gesture by Duchamp, by which Gerold Miller declares the famous beauty's birthmark to be his own work. (I said at the outset that Gerold Miller's artistic work raises the question of what determines our idea of what a picture is. I have to go a step further at this point and move beyond this first formulation. When the question about the picture is raised by Gerold Miller's work, it always happens as a negation. This is because the *how* of his works (the vivid phenomenon-quality of the *Anlagen*, their material substance) and the *what* (their qualities of representation and evocation) are secondary in comparison with the continuing intention to define the reason why something appears in *this* place, determined by the artist. At the centre of the artistic considerations is the question of relating the parts to each other and to the surrounding space. They are always in a positioned relationship, and define themselves through this – this applies to each of the *Anlagen* individually and to the Ravensburg exhibition concept and to *Präzisieren*. Relating to the last work, for example, this means that it is only the sculptural intervention that imposes a greater degree of precision and makes us able to experience the cigarette machine, in that it is liberated from its function as goods and we can perceive its aesthetic function. Now there is no doubt that the machine is just as insignificant as the birthmark on Cindy Crawford's face. That is to say that they both acquire their significance only through the aspect of where they appear – the machine as a result of its defined location in an artistically organized area, and the birthmark by being transferred into a complex artistic structure. If this is right, then a further radicalization of this approach can also lead to the consequence that this where is an empty space that only turns out to be charged with meaning by the introduction of a standpoint for the observer. (*Plan 2*, Singen 2000) For his contribution to the Singen art project *Hier, Da und Dort* Gerold Miller picked out an empty wall measuring about 9 x 7 m at a busy road junction in the centre of Singen. The side façade of the building is readily visible from a number of vantage points. The upright, rectangular proportions of the wall correspond approximately to a classical picture format, which Miller also deliberately used for his *Anlagen*. The emptiness of the given wall area is further exposed by a base zone, and practically begged to be ‚made more precise' by artistic and pictorial means. The building itself, its urban surroundings and the advertisement areas, have an air of 70s aesthetics about them, which is why Miller chose a powerful reddish orange as the basic colour for his work. Thus *Plan 2*, as befits the artist's intentions, fits organically into the visual appearance of the location and at the same time, once it has been perceived as an artificial formulation, it develops an outstanding, independent and pervasive presence. (As material for his mural, Gerold Miller chose aluminium panels measuring 88.3 x 63.6 cm, manufactured by a specialist firm and used for façade cladding. As in the case of the Esslingen tiling, the exploding star motif is applied by screen printing. As objects the panels are about 10 cm deep. Thus they are perceptible as an area on the wall both as a two-dimensional picture and as a three-dimension, plastic colour body. „Instead" of a redundant empty area we have here the signal-like permanence of a dynamic space-picture.

1 Klaus Englert, Tony Smith im Instituto Valenciano de Arte Moderna, in: Frankfurter Allgemeine Zeitung, 10 May 2002. 2 A catalogue box was produced for the exhibition with individually designed contributions (books of essays, multiples, graphics, photographs etc., print run 400) from the fifteen participating regional and international artists. Available from the Villa Merkel, Esslingen. 3 Friedhelm Röttger, Stachel im Fleisch des Apparats, in: Esslinger Zeitung, Whitsuntide 1994, p.35. See also: Stephan Berg, Die Wahrheit über den Zigarettenautomaten, in: Gerold Miller, Präzisieren, contribution to the catalogue box *Widerstand – heute!?* (cf. note. 2), ed. by Renate Damsch-Wiehager, Esslingen 1994. 4 The other German artists participating were Simone Westerwinter and Mathis Neidhart. 5 Cf. Jan Winkelmann: Gerold Miller. Der Leipziger Raum, in: cat. Primary Structures, Galerie für zeitgenössische Kunst Leipzig, 1999, p. 23 f.

(Seite 86/87 / *page 86/87*) hard:edged 31, 2001,
Aluminium lackiert/*high-gloss painted aluminium*, 260 x 285 x 10 cm
(Seite 88 / *page 88*) hard:edged 49, 2002,
Aluminium lackiert/*high-gloss painted aluminium*, 260 x 200 x 10 cm
(Seite 89 / *page 89*) hard:edged 50, 2002,
Aluminium lackiert/*high-gloss painted aluminium*, 260 x 200 x 10 cm

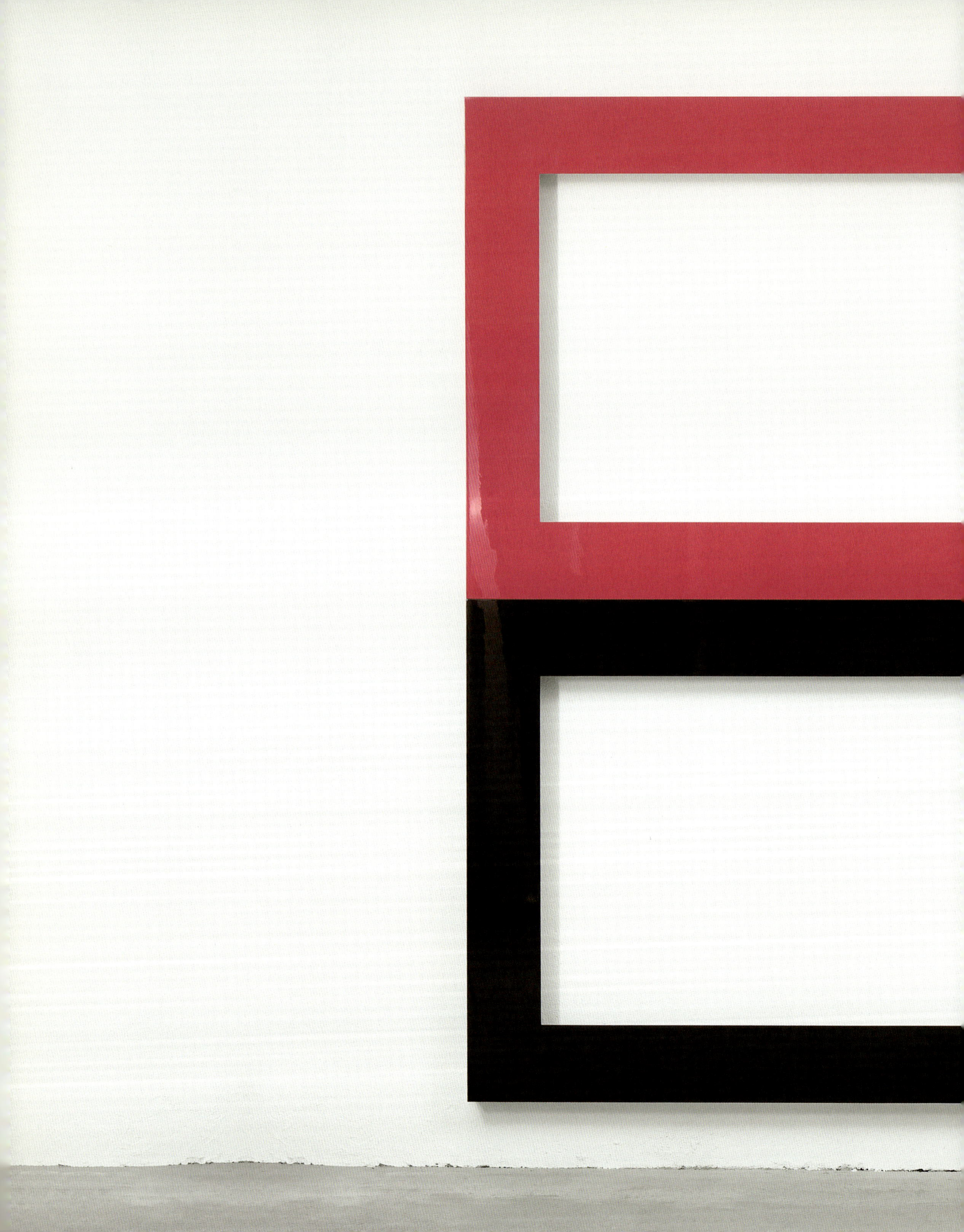

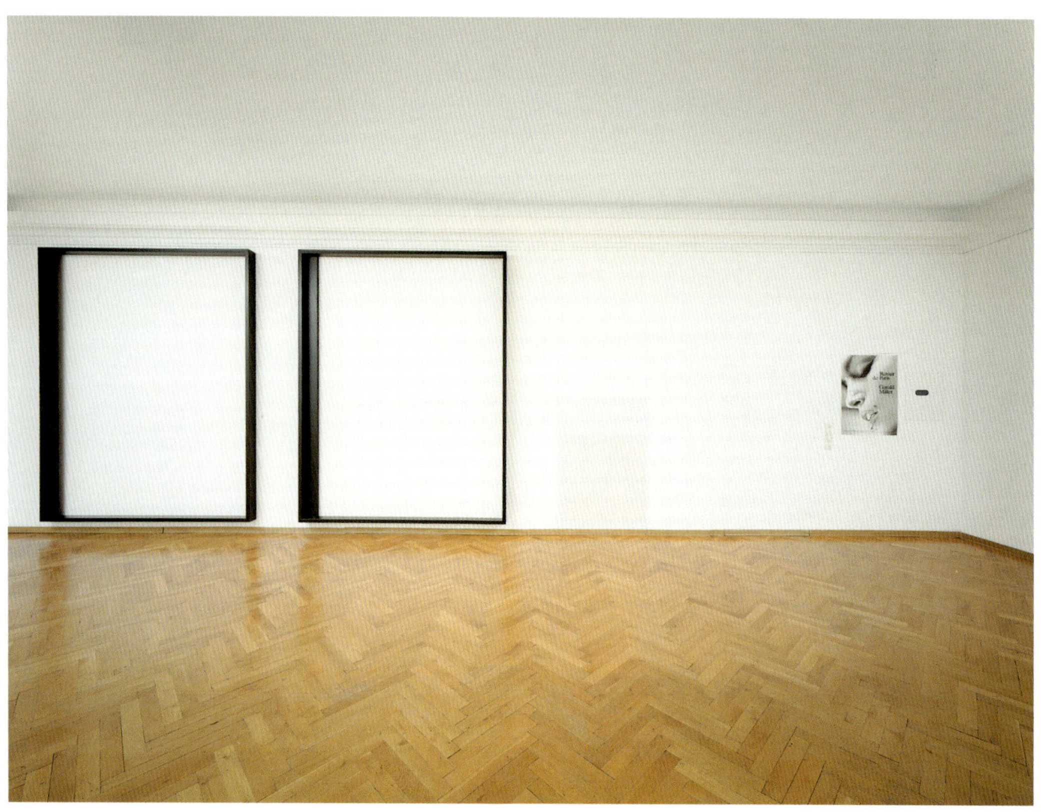

(Seite 90 / *page 90*) Institut Français, Stuttgart, 1995

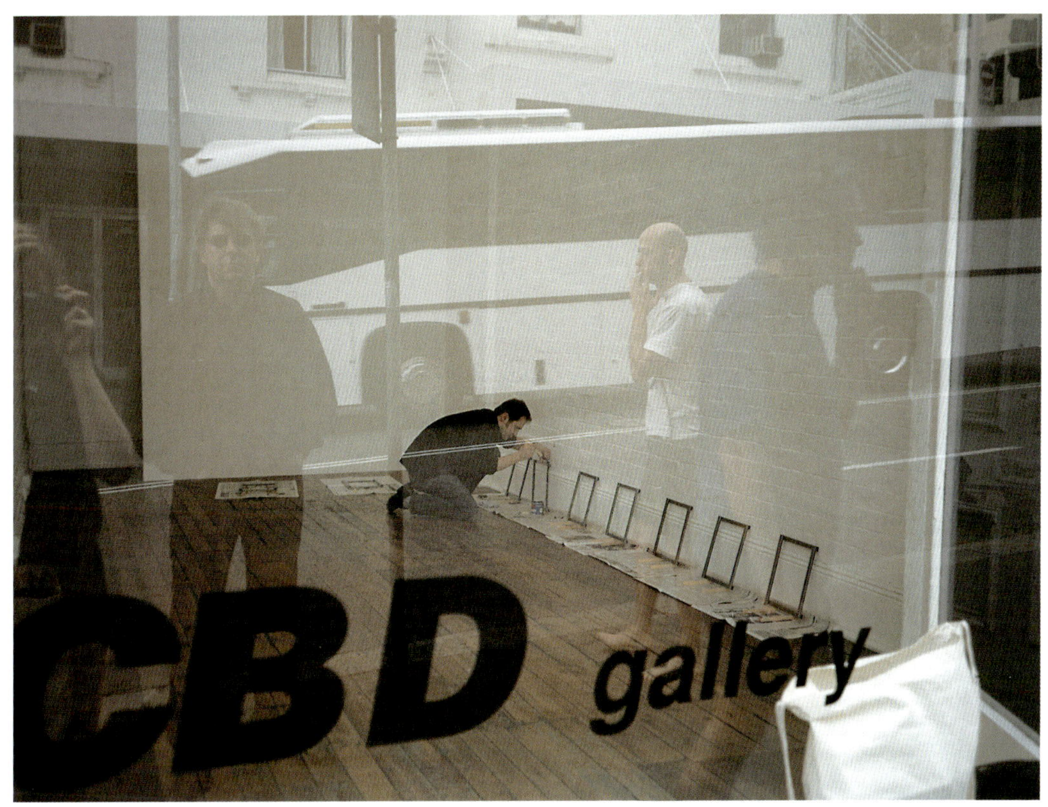

(Seite 91 / *page 91*) CBD Gallery, Sydney, 1996

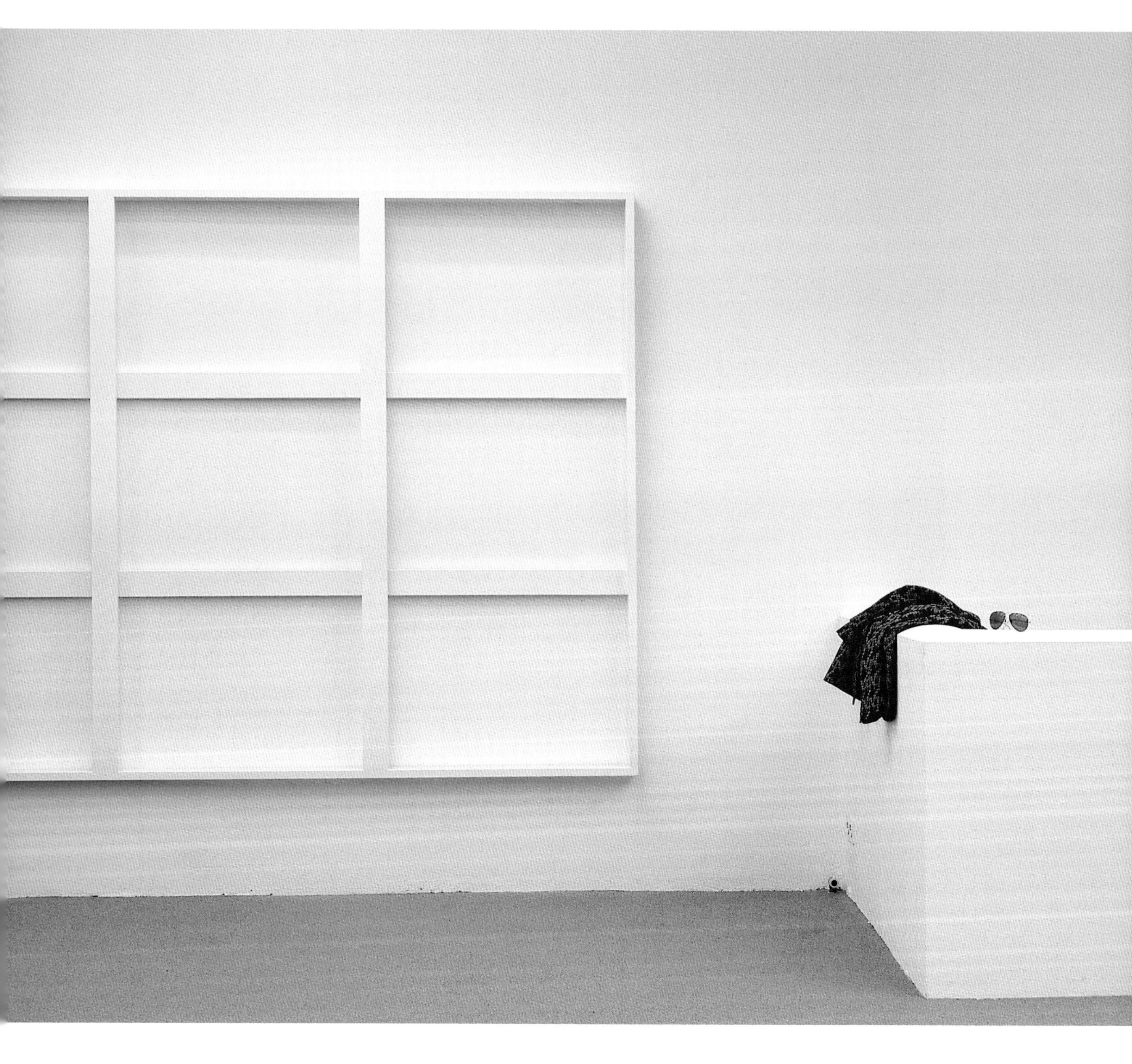

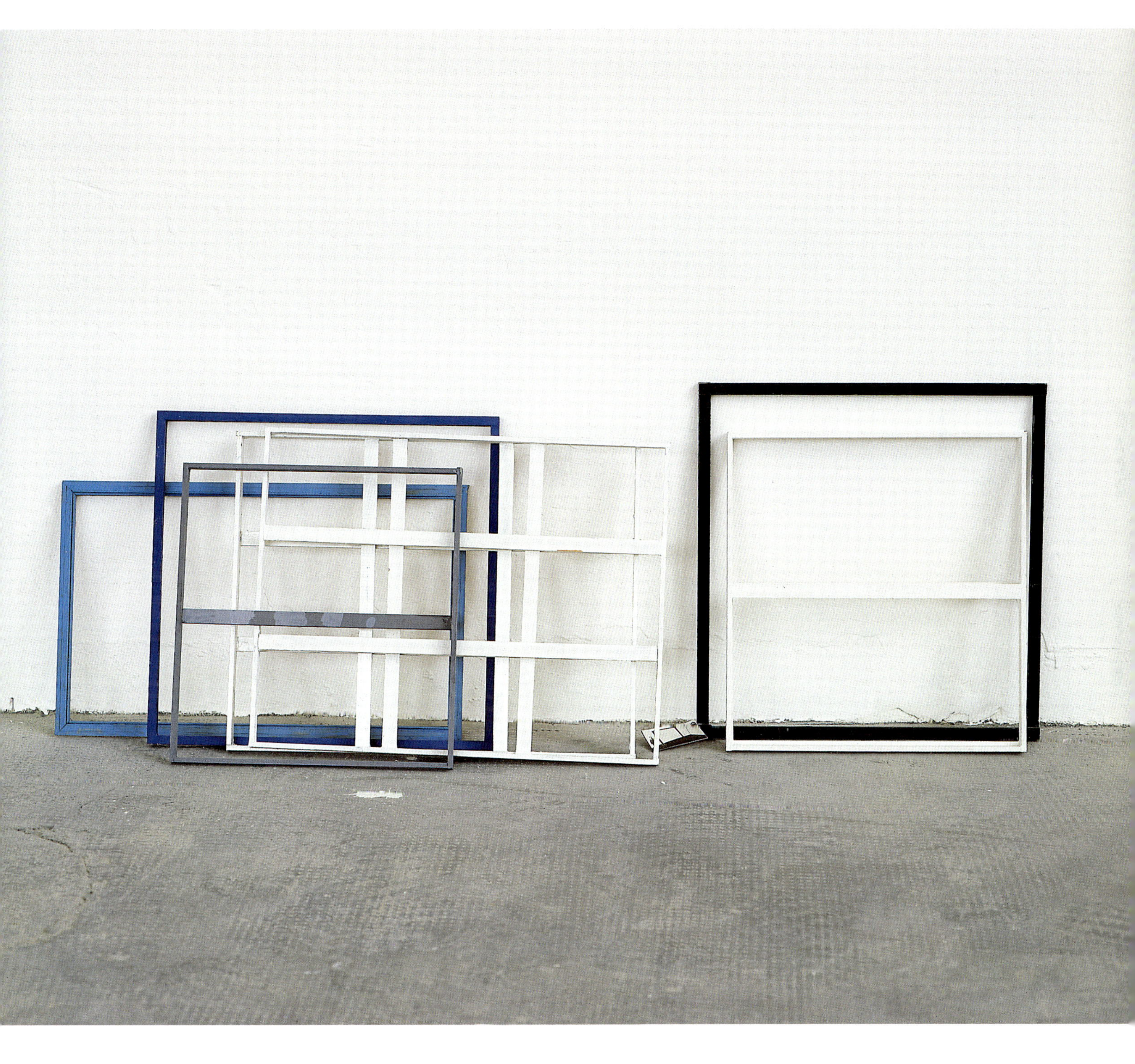

(Seite 92 / *page 92*) Städtisches Kunstmuseum, Singen, 1995

(Seite 93 / *page 93*) Atelier, 1995, Holzmodelle für Anlagen/*wooden models for Anlagen*

(Seite 95 / *page 95*) hard:edged 57, 2002,

Aluminium lackiert/*high-gloss painted aluminium*, 56 x 48 x 4 cm

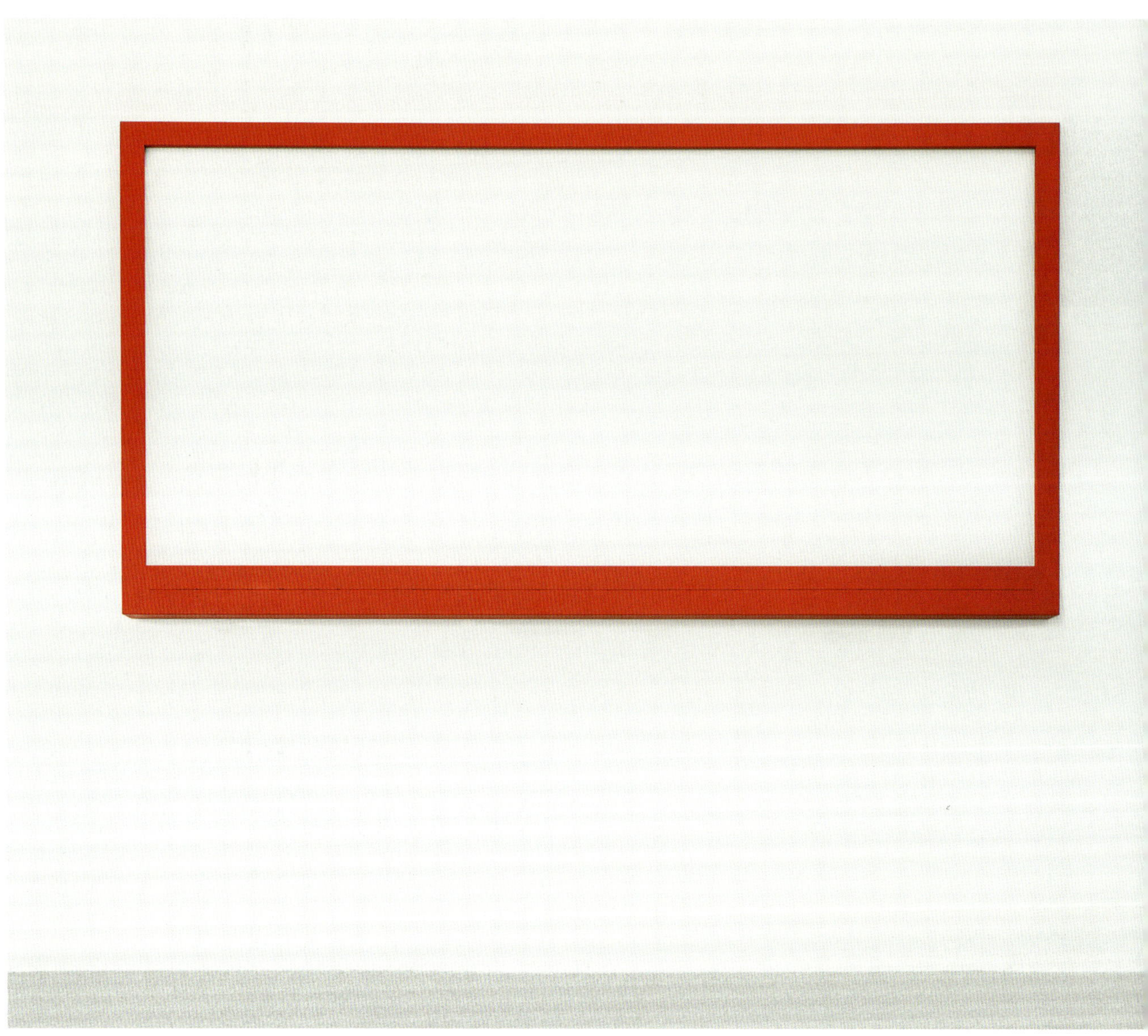

(Seite 96 / *page 96*) Anlage 2, 1991, Stahl/Lack/*steel/paint*, 120 x 240 x 14 cm

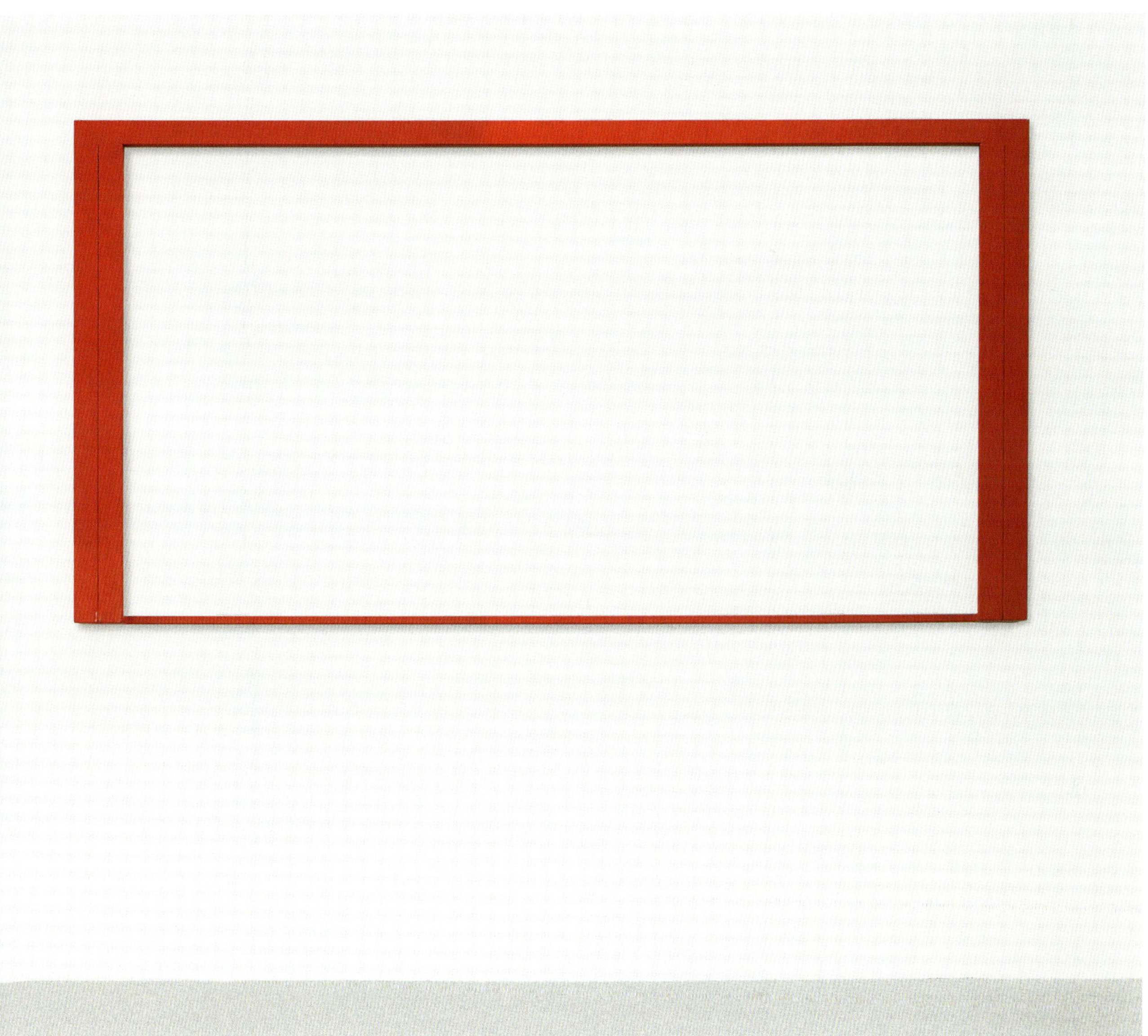

(Seite 97 / *page 97*) Anlage 4, 1991, Stahl/Lack/*steel/paint*, 120 x 240 x 14 cm

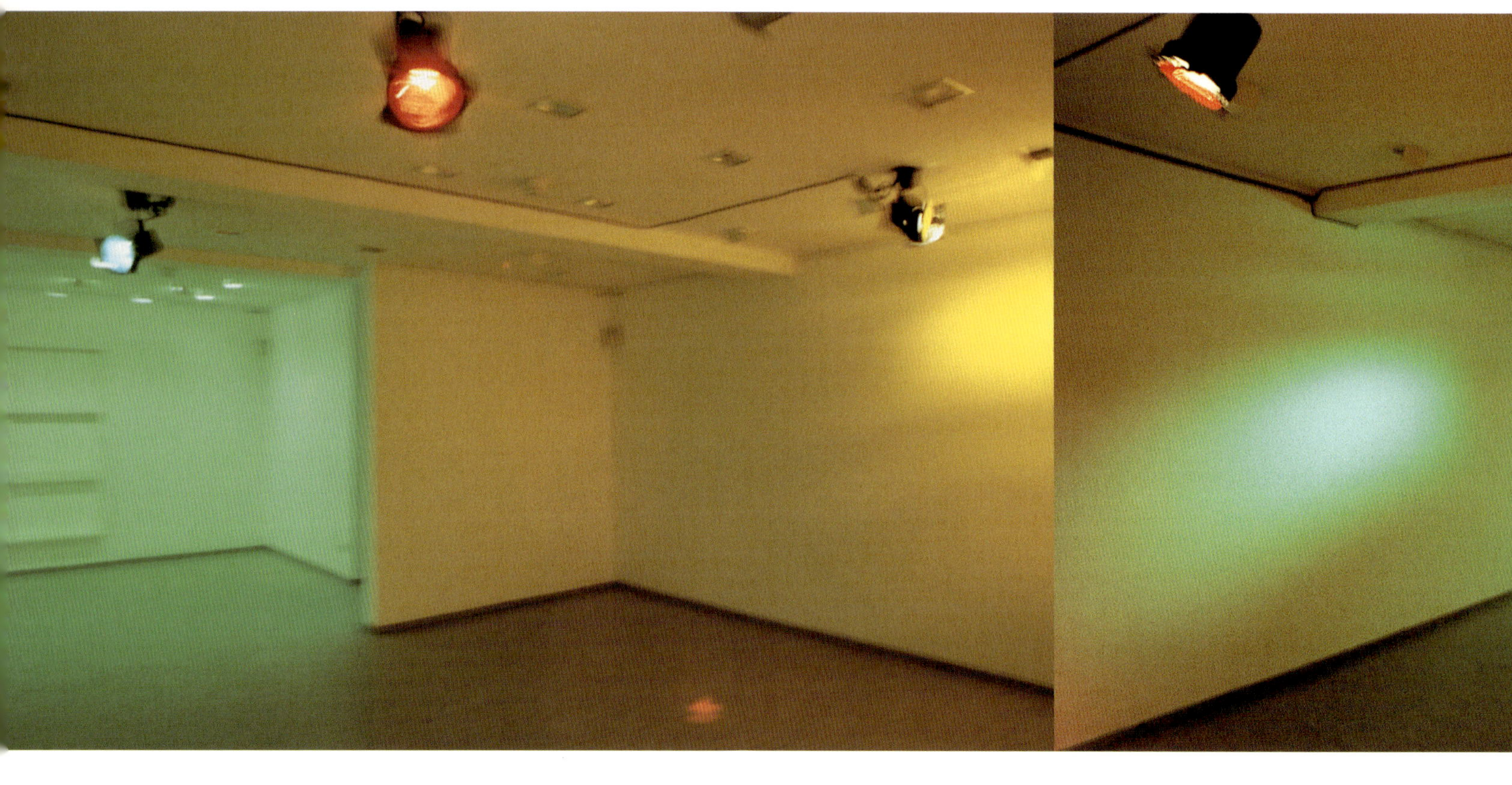

(Seite 98/99 / *page 98/99*) Städtische Galerie Villingen-Schwenningen, 1997

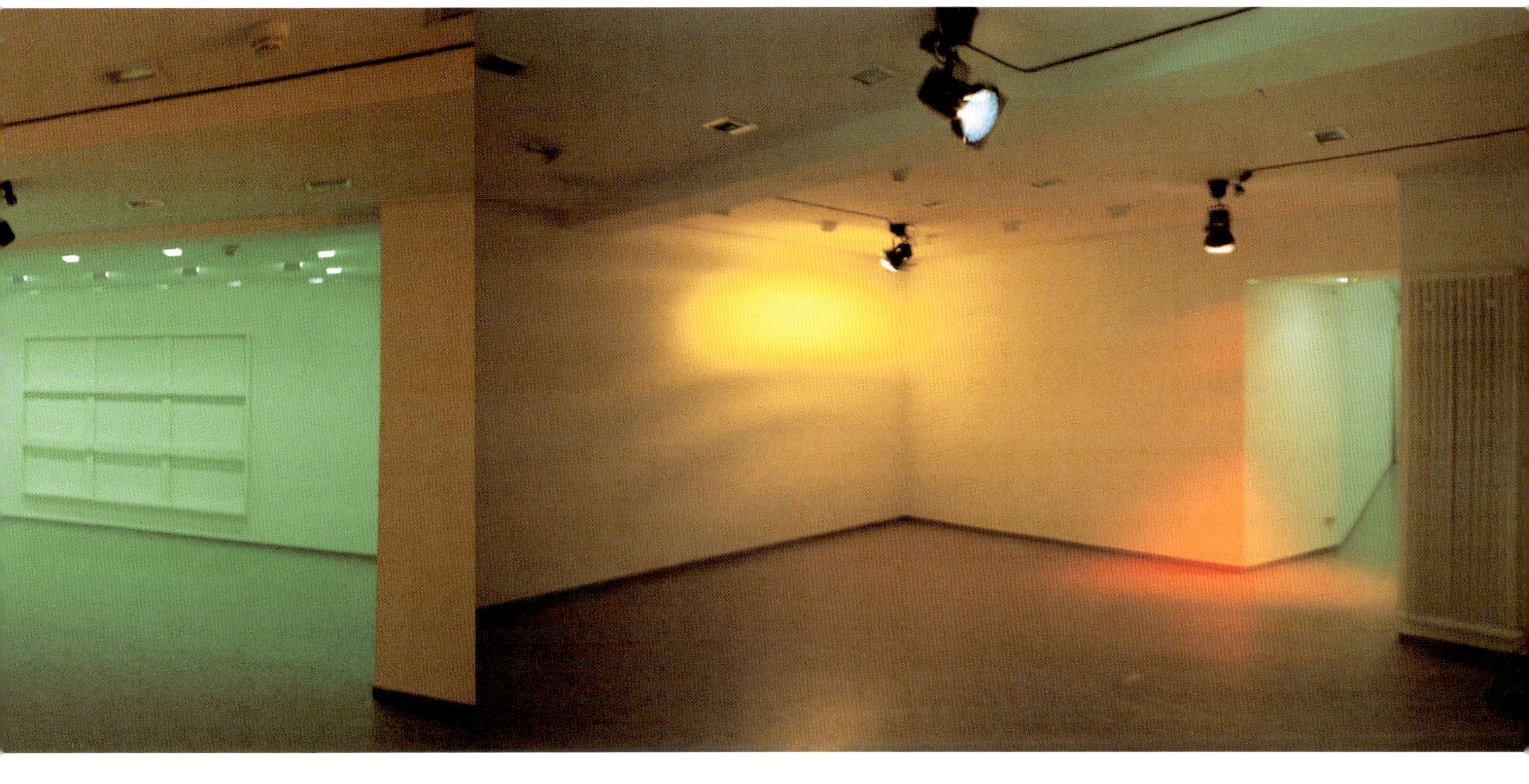

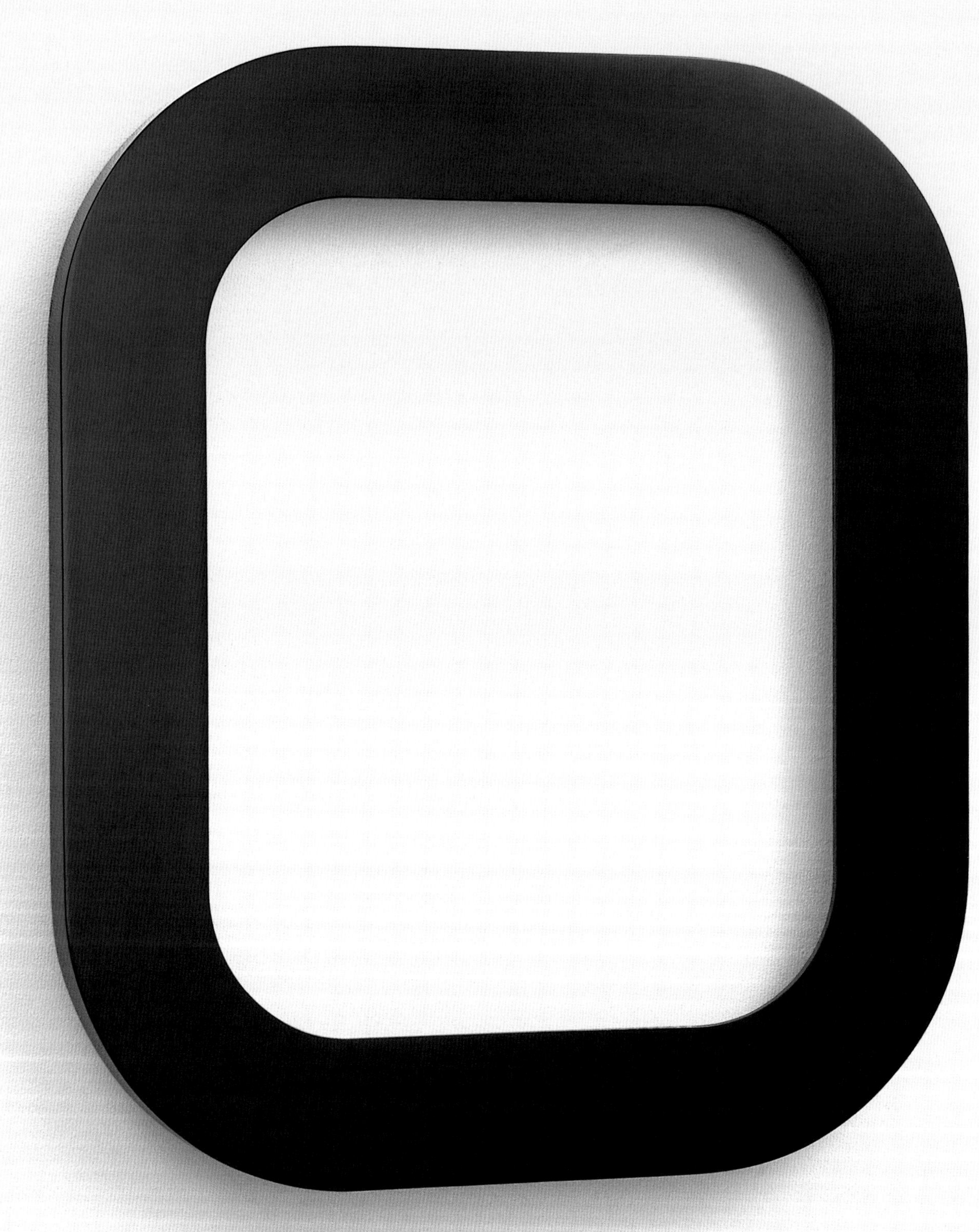

(Seite 100 / *page 100*) ready-mix c24, 1999,

Aluminium eloxiert/*anodized aluminium*, 60 x 52 x 4 cm

(Seite 101 / *page 101*) Anlage 60, 1995,

Stahl/Lack/*steel/paint*, 47 x 43 x 2 cm

(Seite 103 / *page 103*) hard:edged 9, 2000,

Aluminium lackiert/*high-gloss painted aluminium*, 285 x 260 x 9 cm

(Seite 104/105 / *page 104/105*) hard:edged 10, 2000,

Aluminium lackiert/*high-gloss painted aluminium*, 260 x 570 x 9 cm

(Seite 105 / *page 105*) Galerie Anselm Dreher, Berlin, 2001

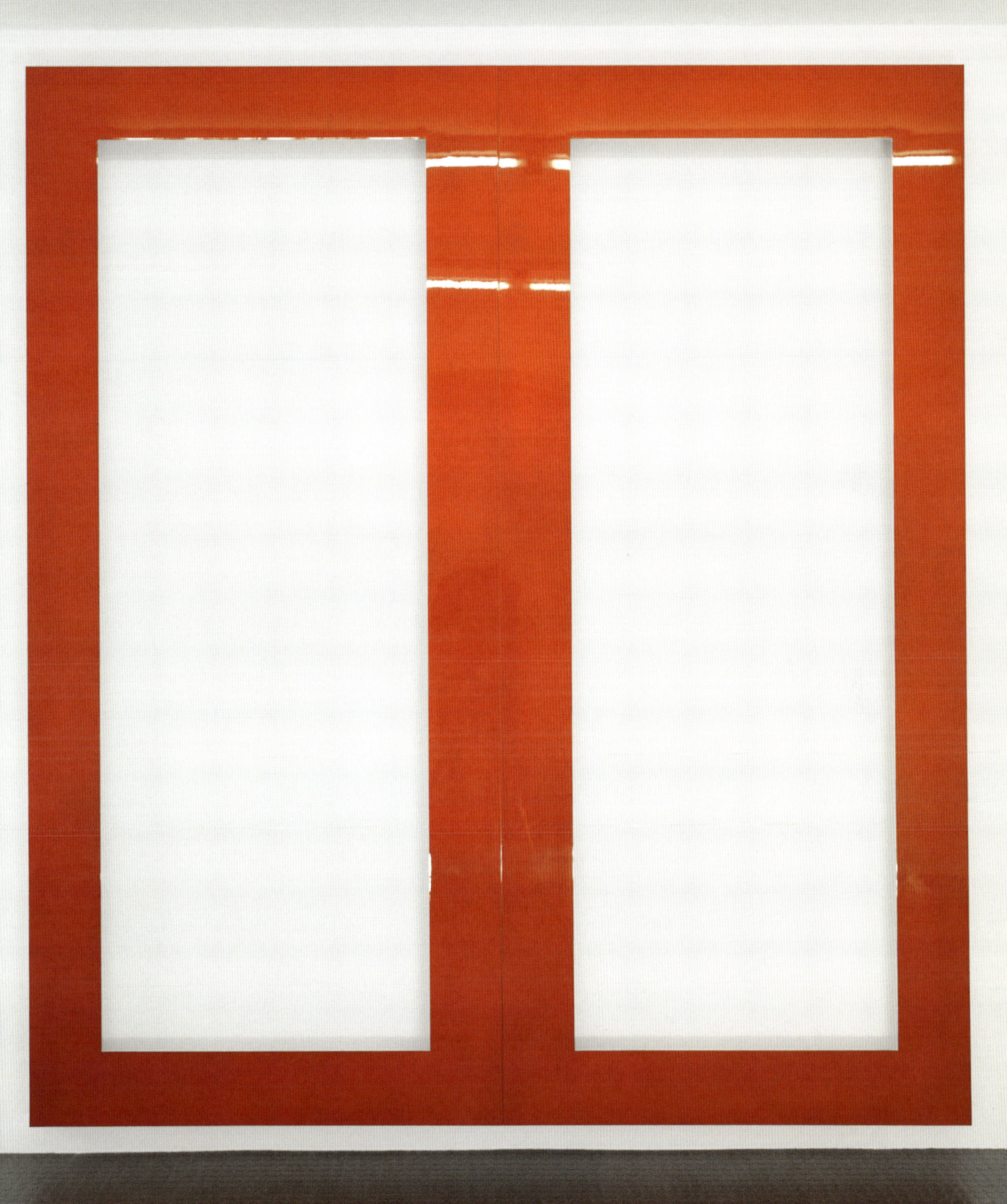

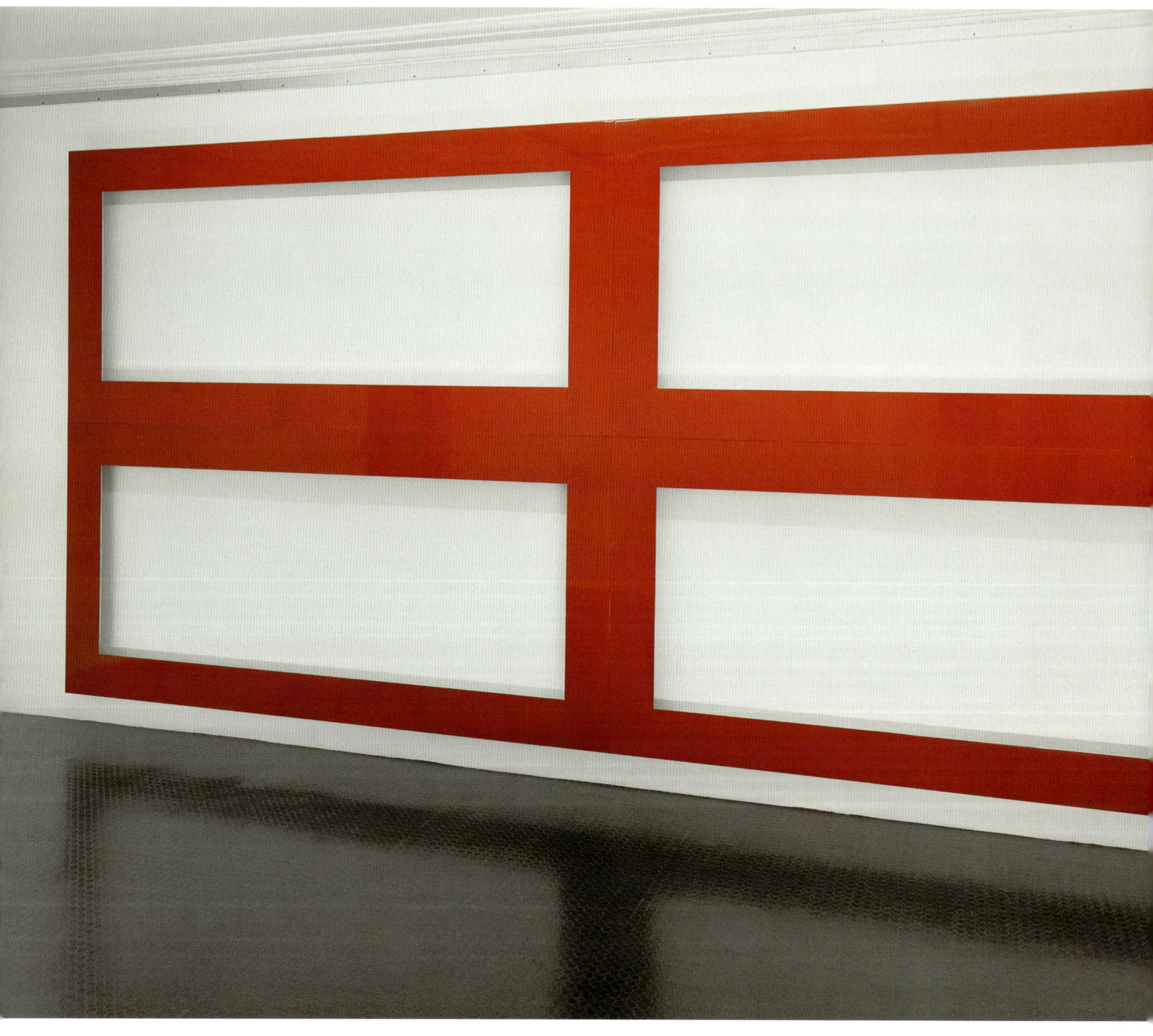

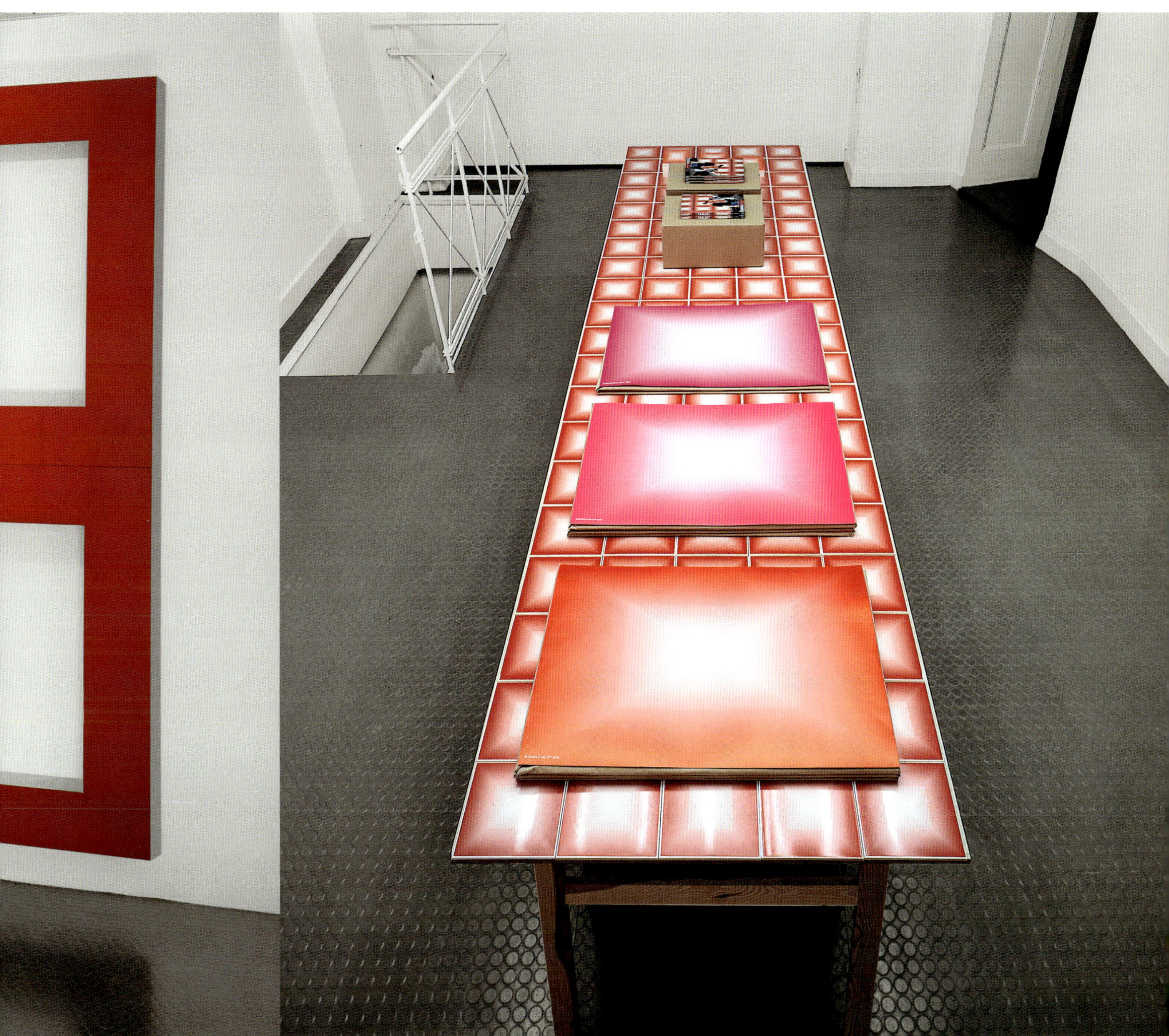

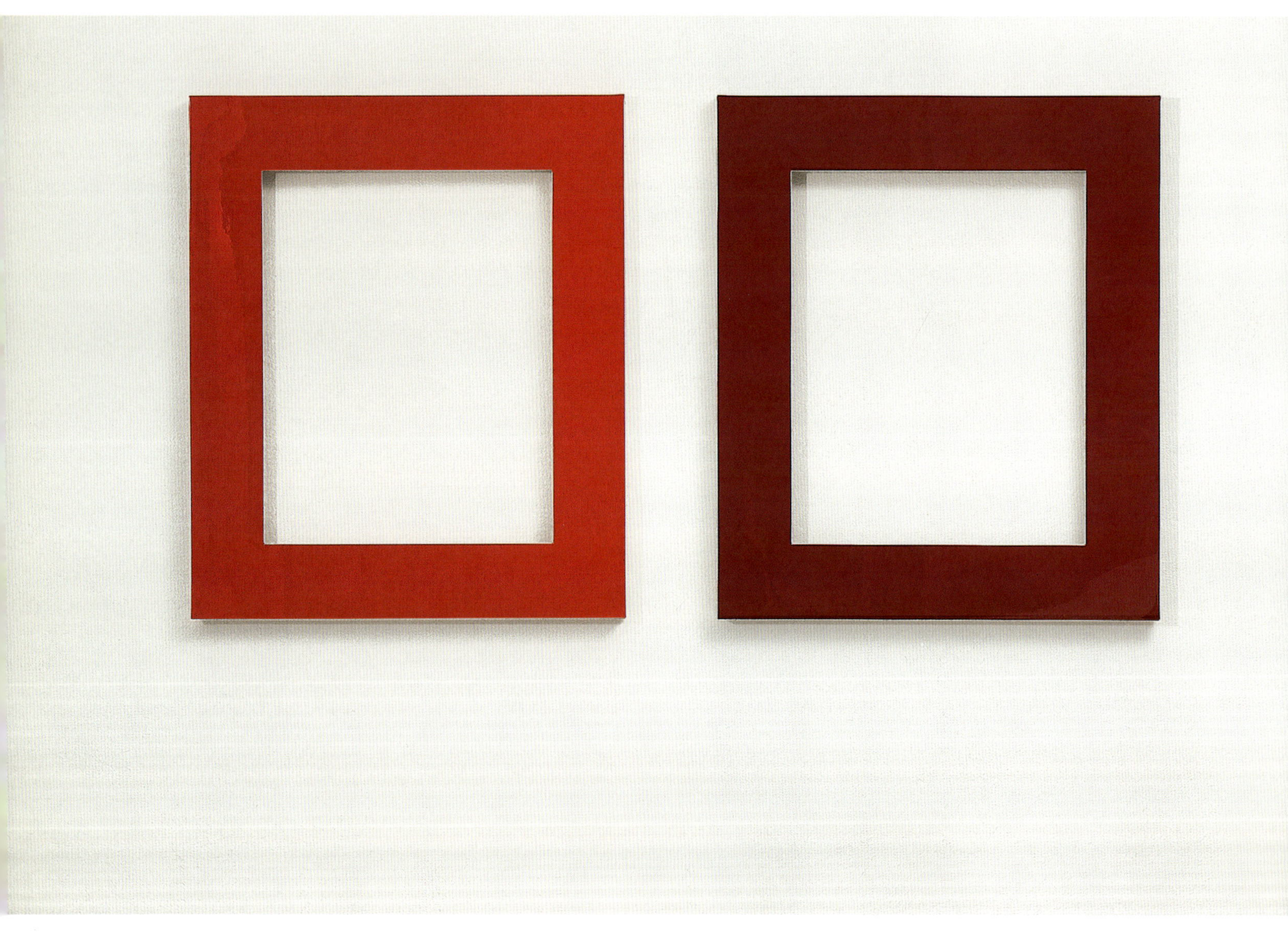

(Seite 106 / *page 106*) hard:edged 32 und / *and* 33, 2002,

Aluminium lackiert / *high-gloss painted aluminium*, je / *each* 140 x 120 x 10 cm

(Seite 107 / *page 107*) Anlage 33, 1994,

Stahl/Lack/*steel/paint*, 175 x 225 x 9 cm

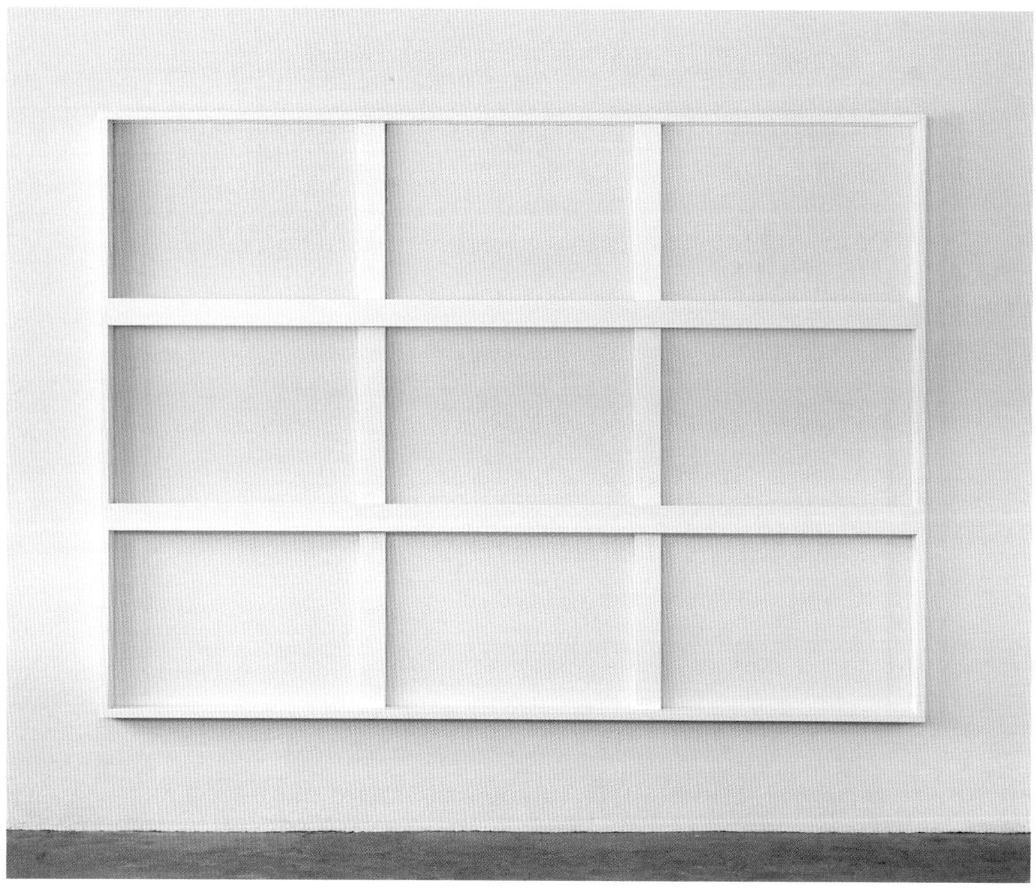

(Seite 108 / *page 108*) Anlage 38, 1994, Stahl/Lack/*steel/paint*, 200 x 280 x 9 cm

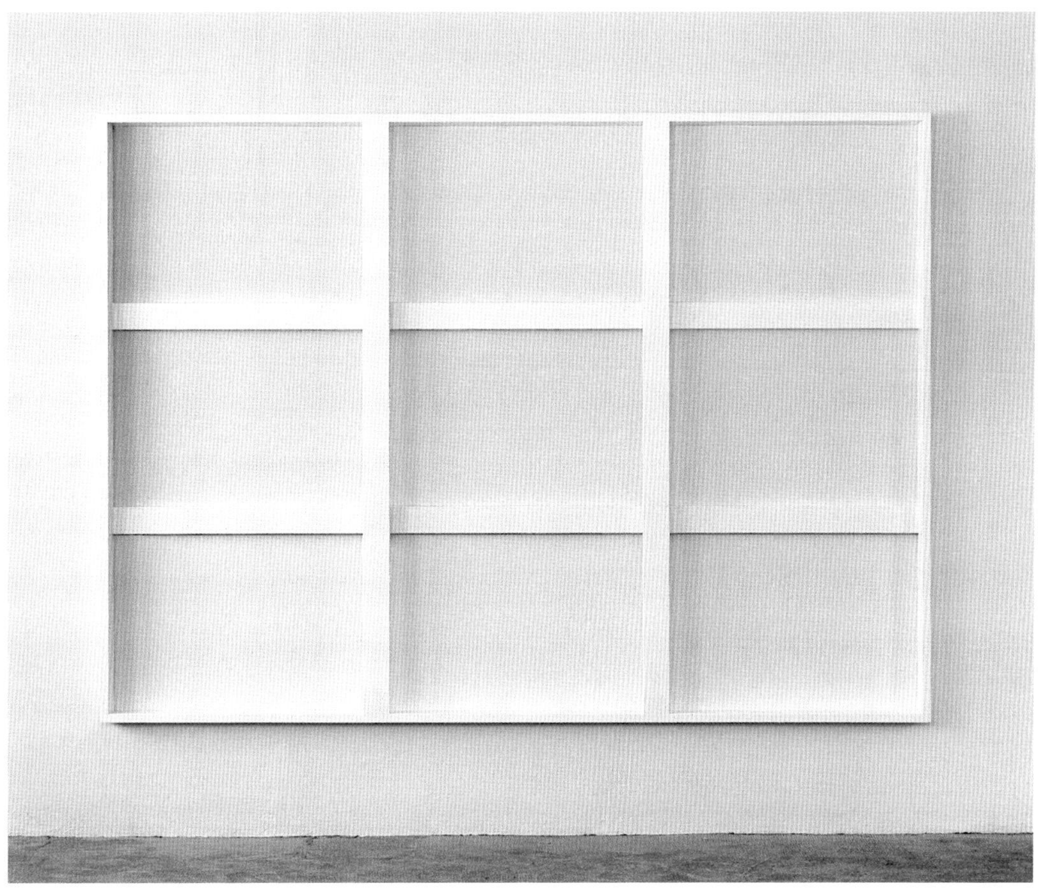

(Seite 109 / *page 109*) Anlage 39, 1994, Stahl/Lack/*steel/paint*, 200 x 280 x 9 cm

(Seite 111 / *page 111*) Privatsammlung/*private collection*, Neumarkt, 2001

(Seite 112/113 / *page 112/113*) Amazing, 1996, 4 Zigarettenkippen/*4 cigarette ends*

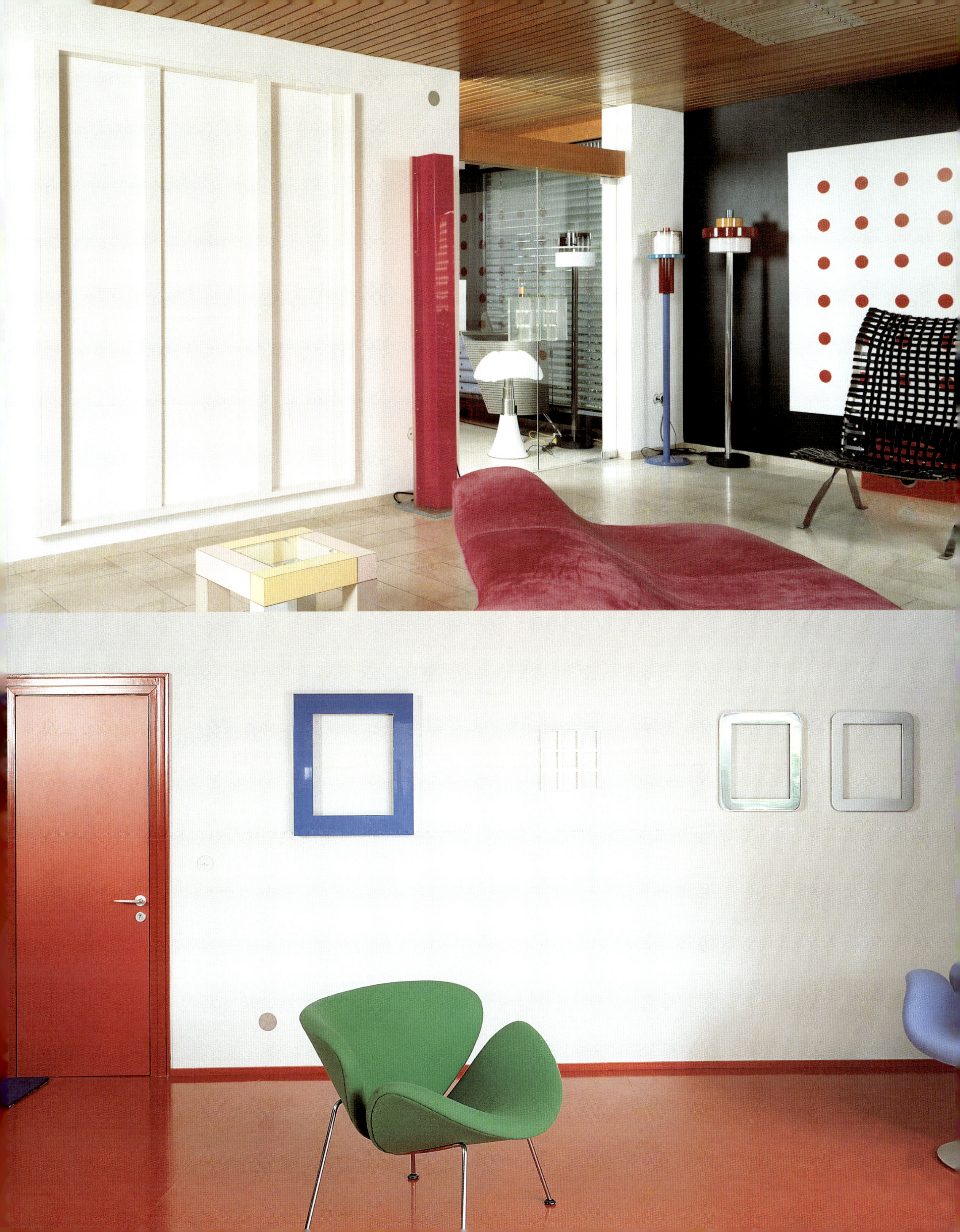

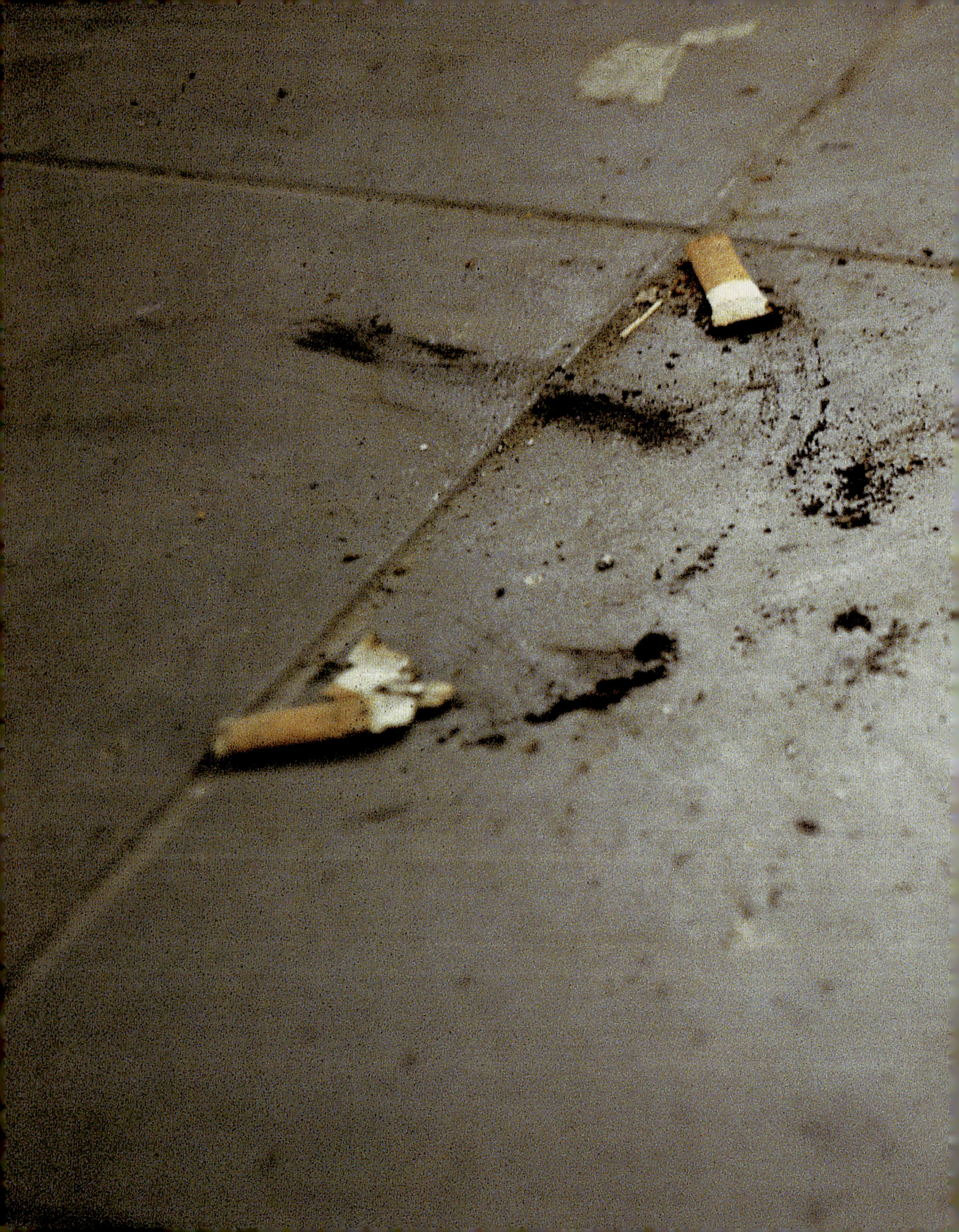

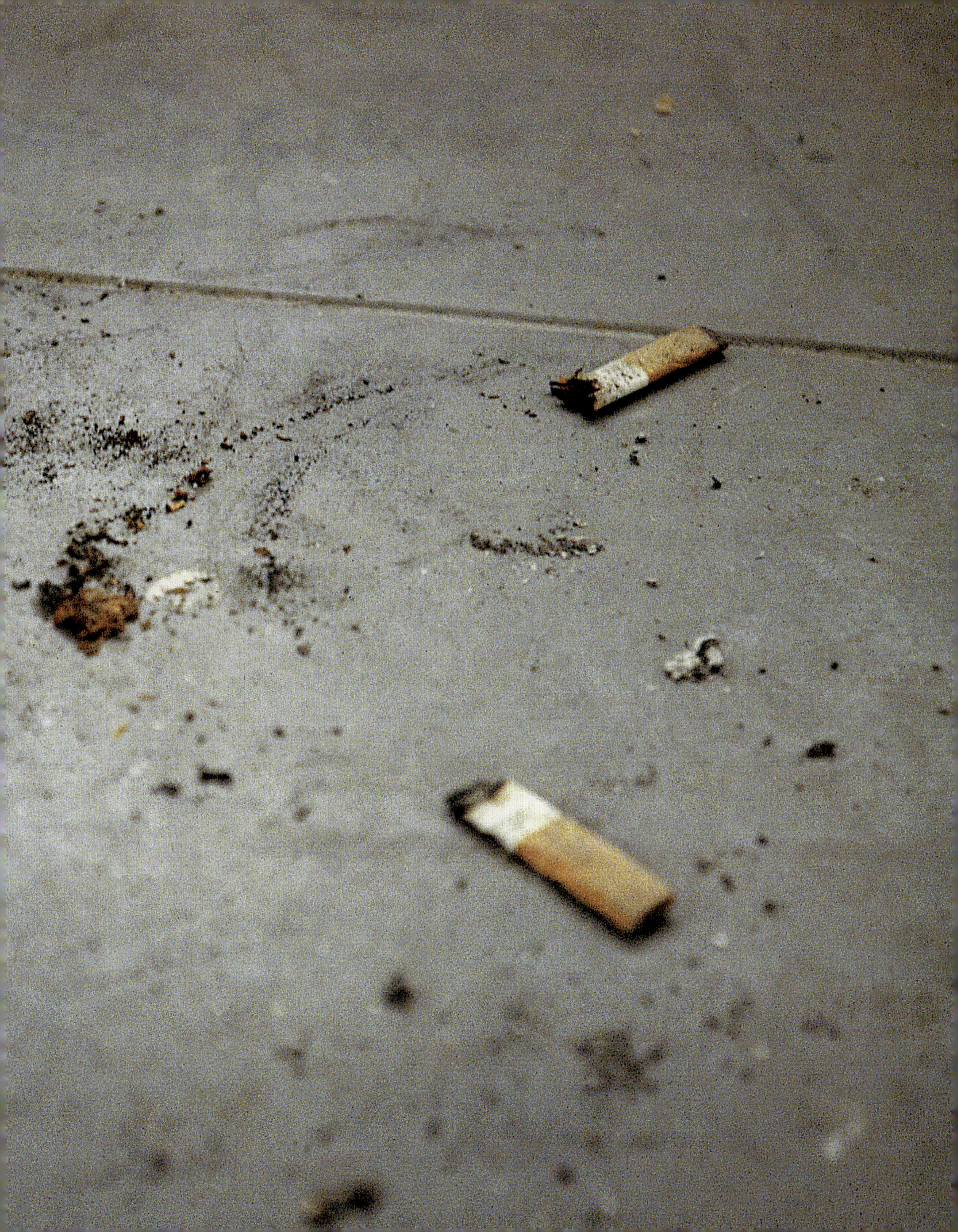

(Seite 115 / *page 115*) Anlage 58, 1995, Stahl/Lack/*steel/paint*, 45 x 37 x 2 cm

(Seite 116/117 / *page 116/117*) Viktor (4 Raumecken / *4 room corners*), 1996, Galerie Köstring/Maier, München

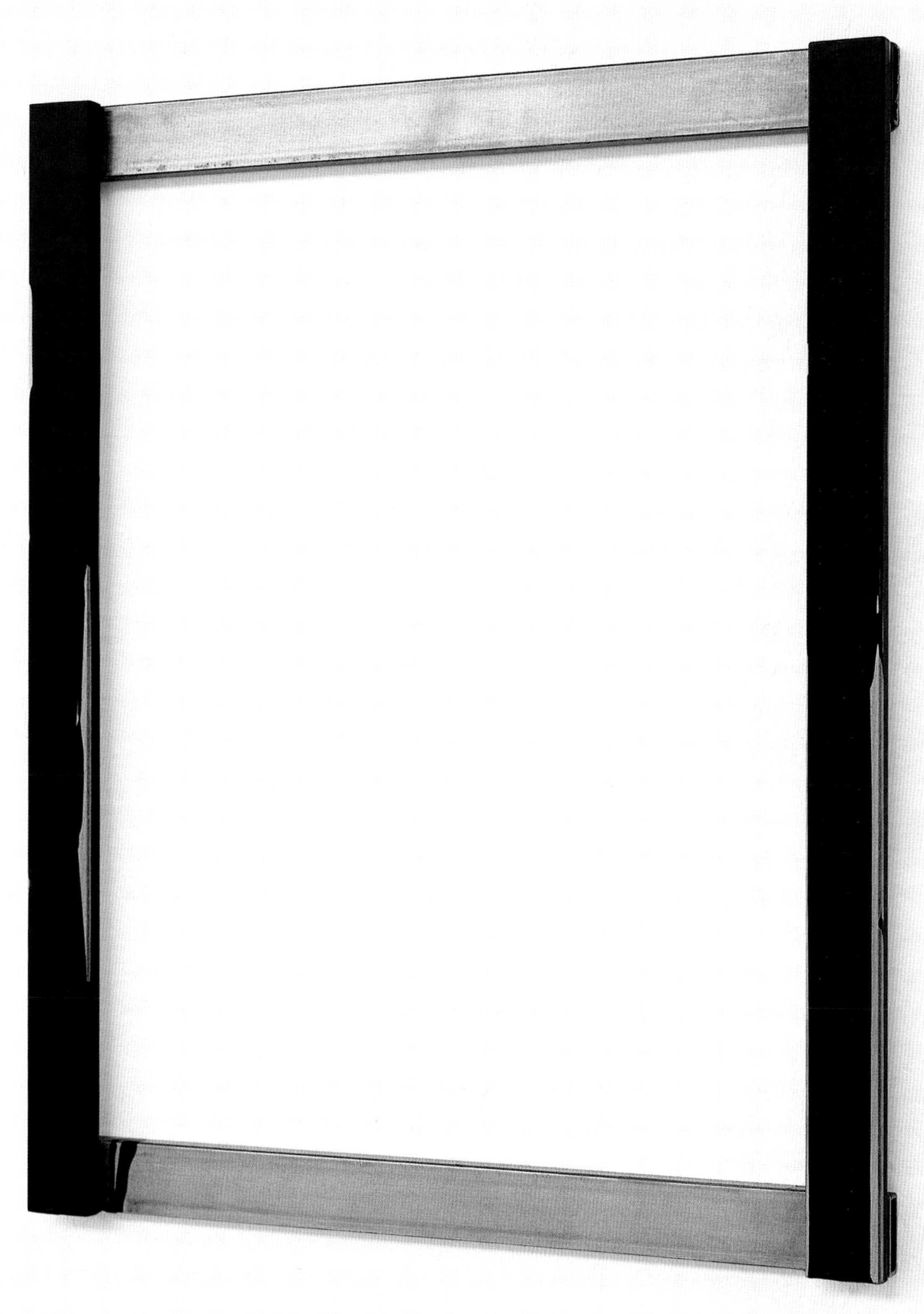

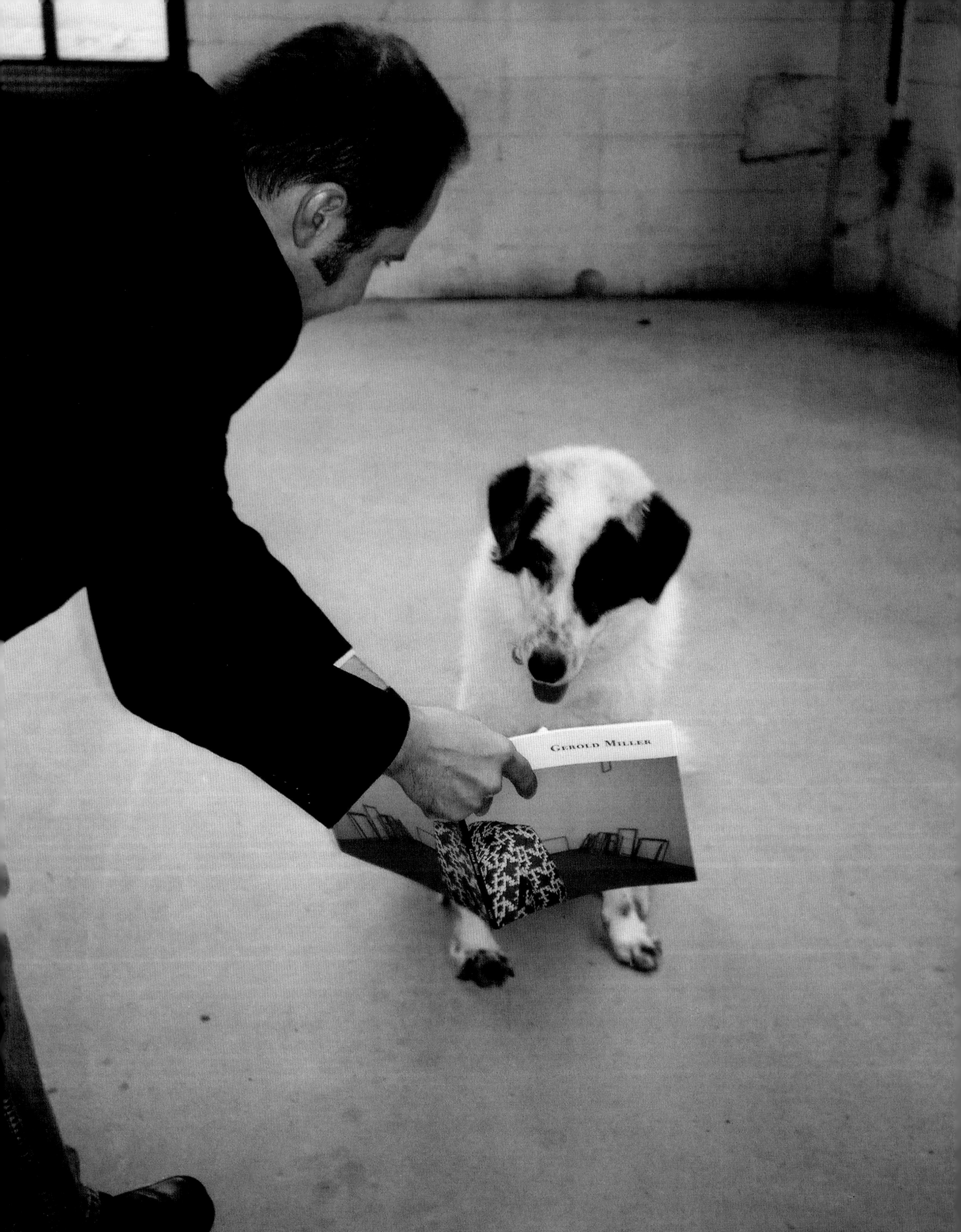
Gerold Miller

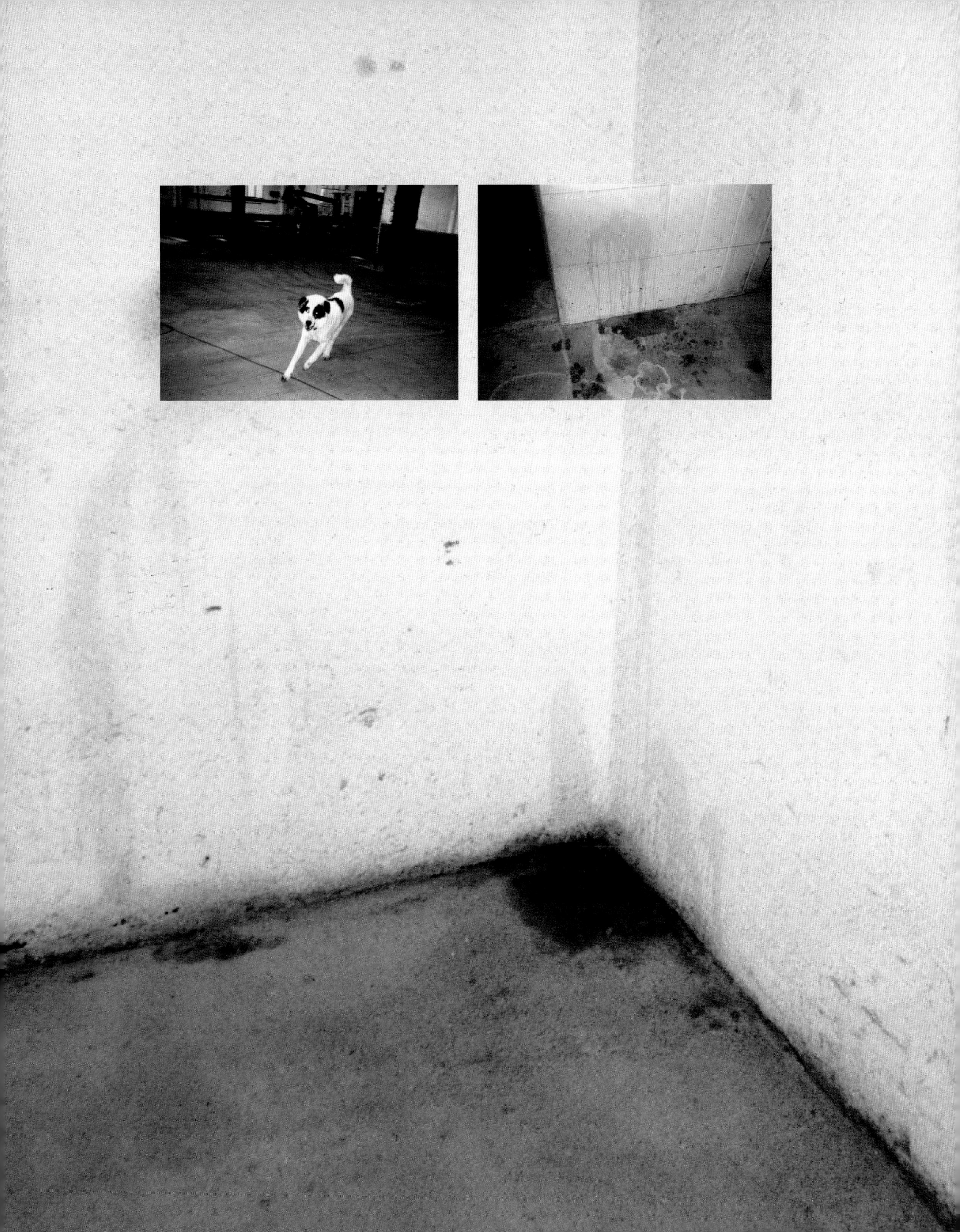

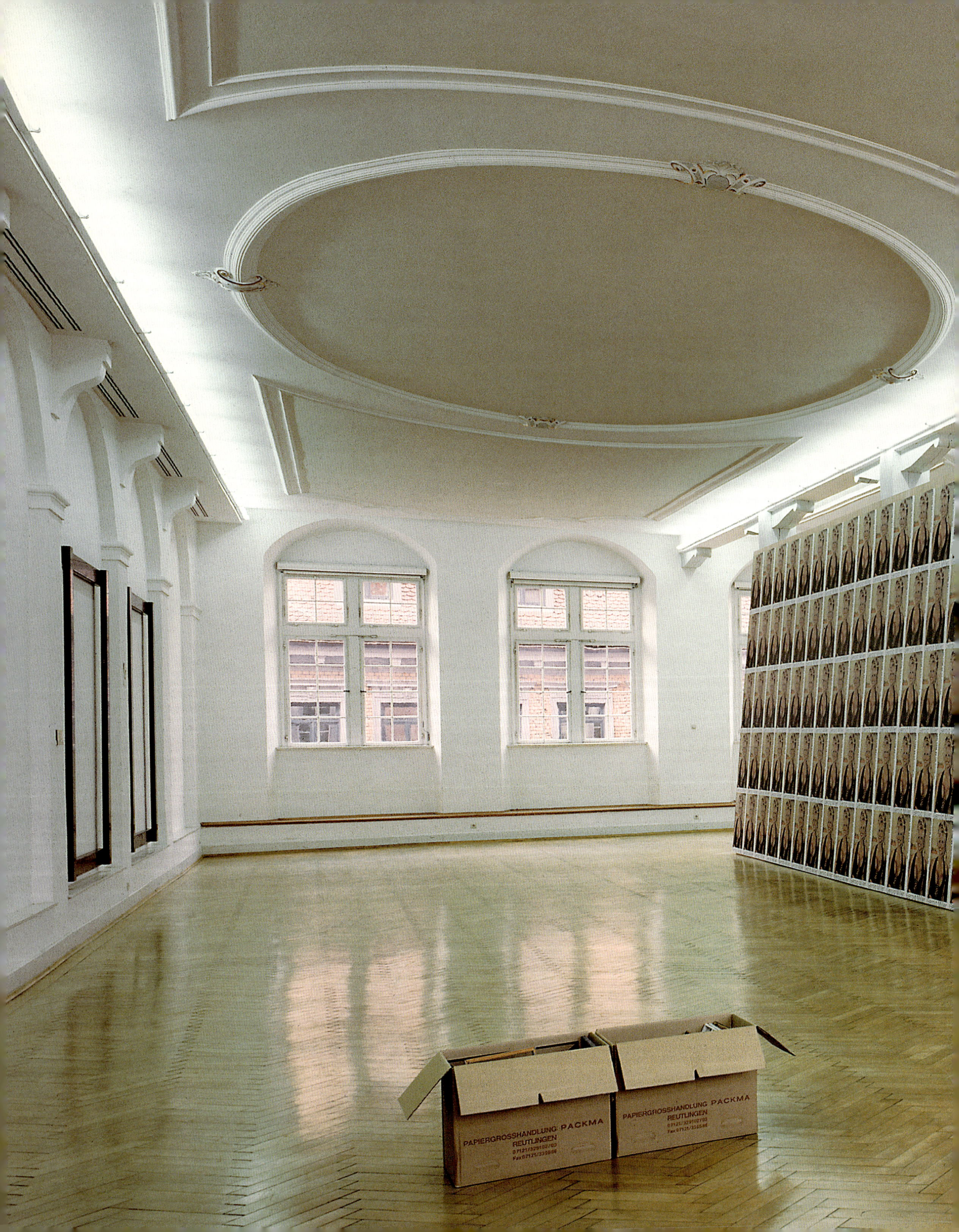
PAPIERGROSSHANDLUNG PACKMA
REUTLINGEN
PAPIERGROSSHANDLUNG PACKMA
REUTLINGEN

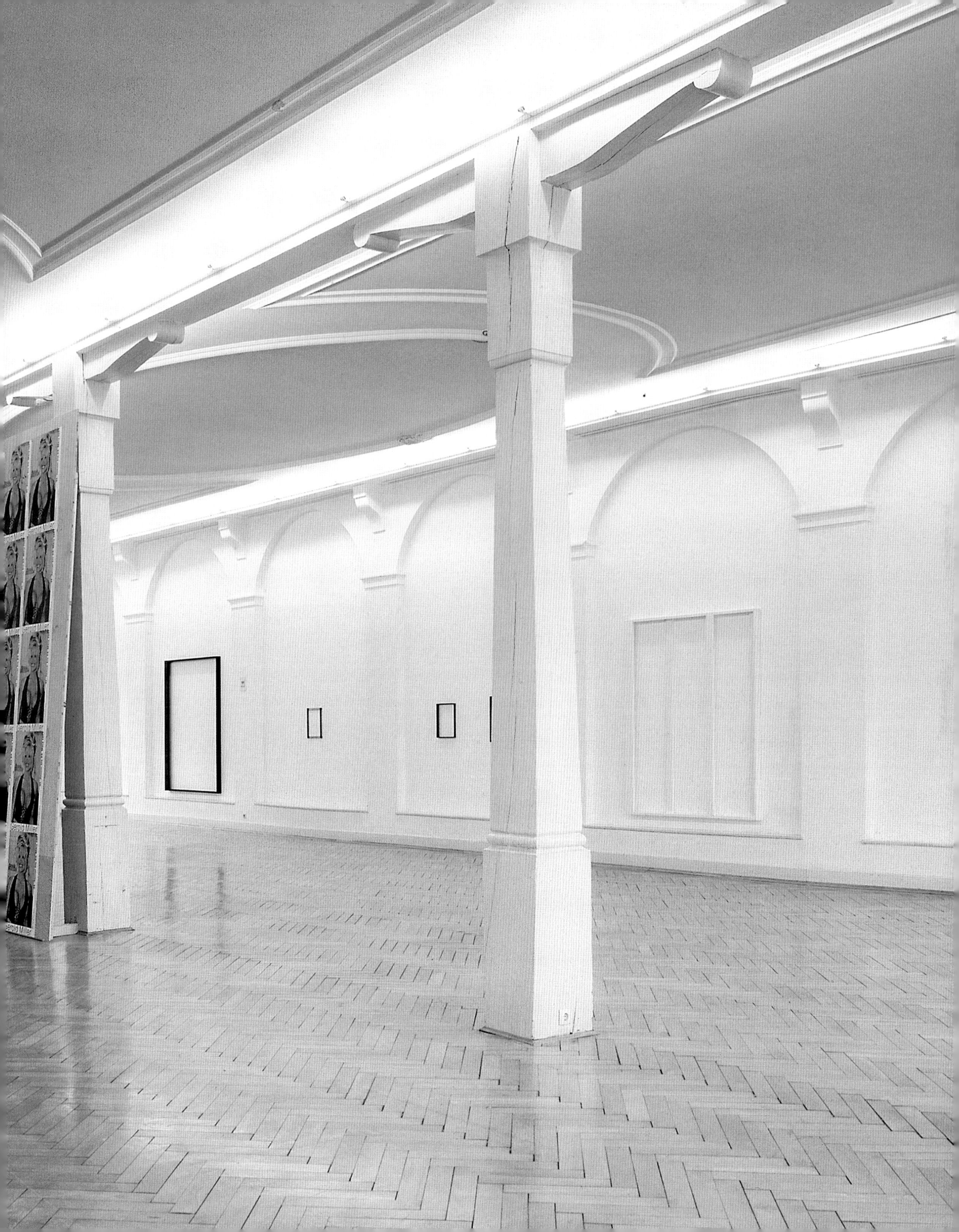
Gerold Miller

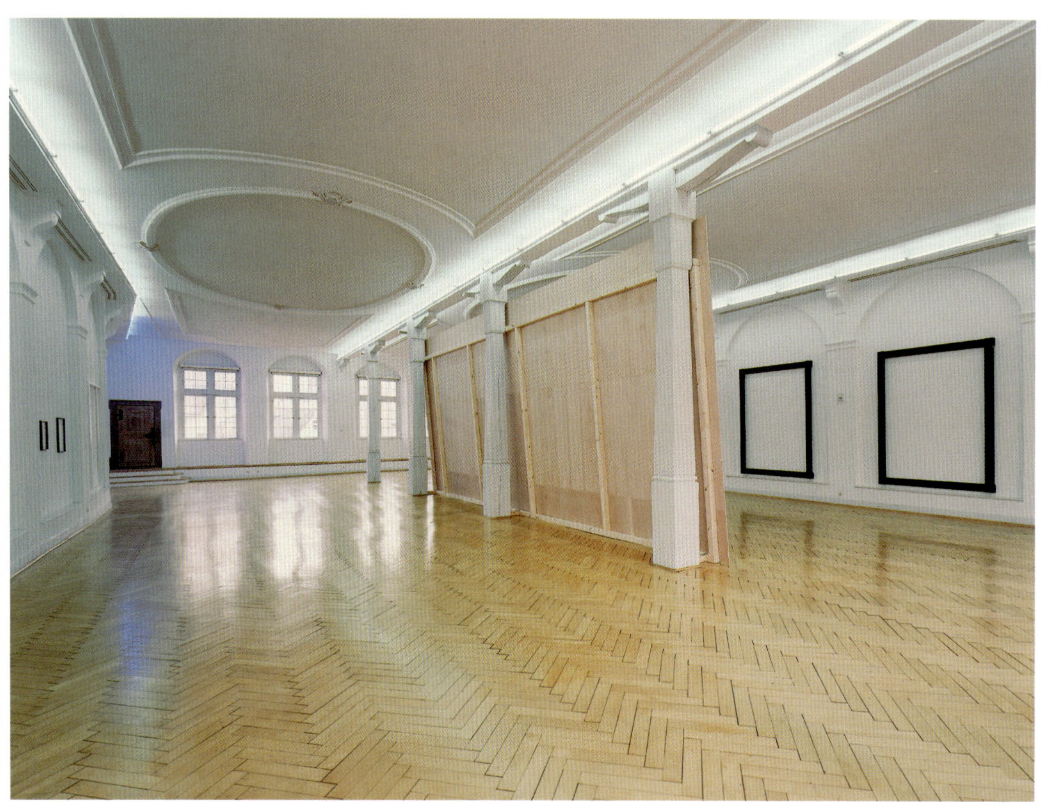

(Seite 118–121 / *page 118–121*) Städtische Galerie Altes Theater, Ravensburg, 1997

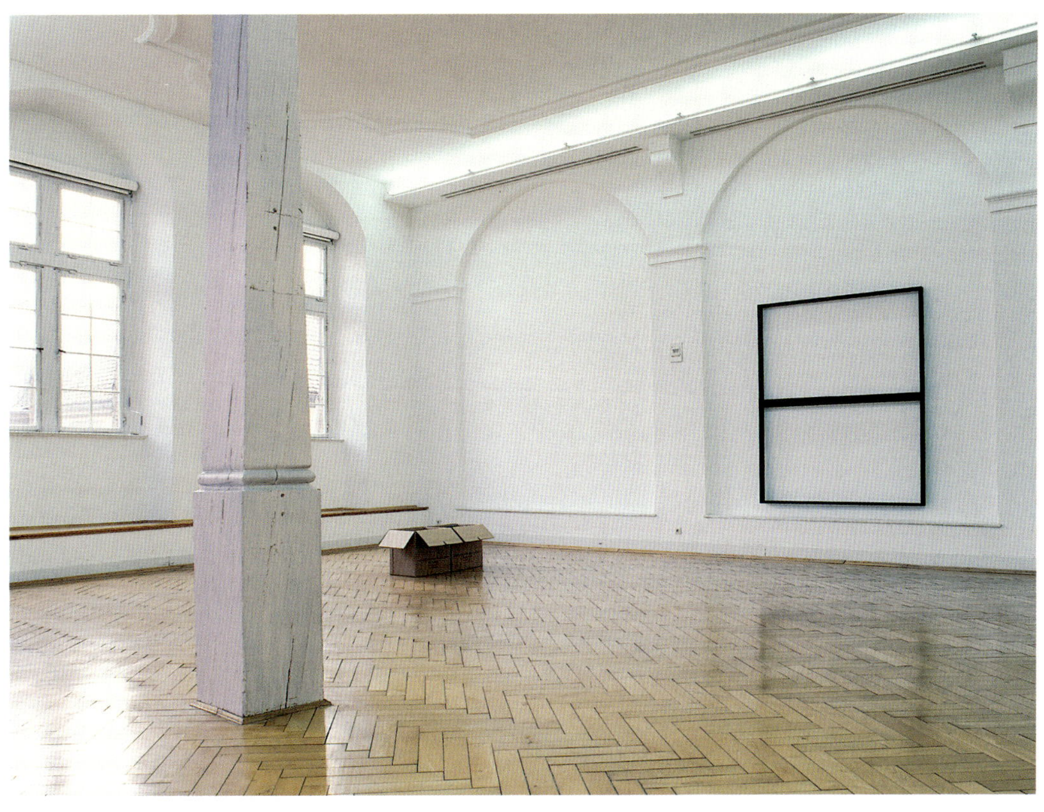

Bilderlose Rahmen als Objekt und Bild *von Peter Weibel*

Gerold Millers re-framing der Rahmen-Problematik steht in einer langen modernistischen Tradition. Der Rahmen diente ursprünglich der Einfassung sakraler Bilder, er passte sich der Bildfläche genau an, um diese vom Hintergrund abzuheben. Der Rahmen bestand zumeist aus einfachen rechteckigen Holzleisten, oftmals mit Goldfarbe bemalt. Gotische Flügelaltäre hingegen wiesen meist aufwendige baldachinartige Schnitzwerke auf, Spitzbogenfelder mit fialenbegrenzten Ziergiebeln, welche die Bildfläche rahmen, wie z.B. in Simone Martinis *Verkündigung* (1333, Uffizien Florenz), sodass zwischen den Altarretabeln und den rahmenden Architekturkulissen keine Trennung mehr auszumachen ist. Diese Beziehung zwischen der künstlerisch gestalteten Rückwand eines Altars und der umgebenden Architektur, also zwischen der Bildwand und dem Raum, ist genau der Ort der Referenz, an dem Miller seine Untersuchung zur Differenz zwischen Skulptur und Bild als Objekt jenseits der Krise der Repräsentation beginnt. (John Berger hat in seinem Artikel *Das Kunstwerk. Der Ort der Malerei* [1] darauf hingewiesen, dass bereits vor dem Bilderrahmen „das regelmäßige Format einer bemalten Fläche - sei sie nun rechteckig, rund oder oval" - wie ein Rahmen wirke. „Das Bild hat Kanten, und da sie geometrisch sind, grenzen sie es ein." Der Rahmen bildet also die äußere, die Bildfläche umgrenzende Form, woraus sich die Notwendigkeit der Komposition ergibt. Die kompositorische Funktion des Rahmens bleibt erhalten, mit dem Unterschied, dass sie bisher auf das Innere abzielte, nämlich auf das Bild, aber nun sich verselbstständigt und der Rahmen selbst zur Komposition wird. Dabei verwandelt sich allerdings der Rahmen vom Bildformat zur Wandskulptur. (Allerdings hat der Rahmen schon immer nicht nur das Bild begleitet und umrahmt, sondern ein selbstständiges Leben geführt, auch vor der Epoche der Moderne. Die Moderne hat nur die Selbstständigkeit des Rahmens radikalisiert und verabsolutiert. (Die Renaissance entwickelte neue Formen des Rahmens, die Rundform des Tondos und die Ädikula als sakralen Schrein, um den räumlichen Illusionismus zu unterstreichen.[2] So erweiterte sich mit der stilistischen Entwicklung der Renaissancemalerei auch die Funktion des Rahmens. Er diente nicht nur als Bildträger, sondern wird zum wichtigsten Instrumentarium des Bildaufbaus aufgrund seiner gestalterischen Form und Proportion. In dem von der Renaissance entwickelten Bildthema der Sacra Conversazione wird oftmals die Madonna mit Kind und flankierenden Heiligen von einer illusionistischen Scheinarchitektur von Säulen, Pilastern und kassetierten Tonnengewölben umgeben, wobei den vor die Bildfläche gestellten Säulen der Rahmenarchitektur die Aufgabe zukommt, die illusionistische Bühnenbildwirkung als reale Zone fortzusetzen. Als überzeugendes Beispiel für die eine räumliche Imagination suggerierende Funktion des Rahmens kann Andrea Mantegnas Hochaltar in San Zeno (1457–59, Verona) gelten. (Parallel zu dieser ästhetischen Dimension des Rahmens, indem er durch Größe und Struktur die Innendekoration des Bildraumes aufnimmt, lässt sich auch seine Funktion für die inhaltliche

Ebene feststellen, da der Rahmen als narrative Montage, als genuine Symbolik, die ‚Rahmengeschichte' in Form von Texten oder attributiven Bildern zum Bildthema erzählt, wie z. B. in dem Madonnenbild von Vincenzo Foppa *Maria mit dem Buch* (1464–68, Castello Sforzesco, Milano). (Mit der so genannten kopernikanischen Wende und dem Verlust des anthropozentrischen Weltbildes änderte sich auch das Verhältnis von Rahmen und Raum. Die klassischen Gesetze des Bildaufbaus werden außer Kraft gesetzt, auf eine kontinuierliche Entwicklung der Raumtiefe wird verzichtet, es dominieren Diagonalkompositionen, die sich in einer suggestiven Tiefenwirkung und einer außerordentlichen Bewegungsdynamik äußern, die den Rahmen zu sprengen droht. Diese Tendenz erfährt noch eine wesentliche Steigerung in der barocken Kunst, die gemäß der geänderten Weltauffassung die Grenzen zwischen Realität und Schein aufzuheben suchte. (Die ins Unendliche geöffnete Form, die alle Formgrenzen verunklärt, war das erstrebte Ziel, das eine adäquate Umsetzung in den illusionistischen Deckengemälden oder barocken Hochaltären fand. Durch die Größe der barocken Tafelbilder wurde der Rahmen zu einem bestimmenden Bindeglied zwischen Bildfläche und Innendekoration und zu höchster kunsthandwerklicher Meisterschaft geführt, um den Prachteindruck des Raumes zu erhöhen. Durch die verschiedenen Materialien, von kostbaren Hölzern mit reichen Intarsien bis zu oftmals reicher Ornamentik unterstrich der Rahmen die Kostbarkeit des Gemäldes. Der Rahmen konnte sich erstmals verselbstständigen, sodass er in Konkurrenz zum Bild trat und selbst zum Kunstobjekt wurde. Man denke nur an die berühmten Chippendale-Rahmen um die Mitte des 18. Jahrhunderts. (Zur Mitte des 19. Jahrhunderts, im Zeitalter der fortschreitenden Industrialisierung und der Massenproduktion, verlor der Rahmen immer mehr an Bedeutung. Zwar erfüllte er für Maler wie Georges Seurat als integrierender Bestandteil für empirische Farbstudien eine wichtige bildgestalterische Funktion, wie er auch im Jugendstil ein häufig in die Bildkomposition einbezogenes Gestaltungsmittel darstellt. Der Historismus hingegen reduziert den Rahmen auf seine ursprüngliche Trägerfunktion als autonomes dekoratives Element. Neben aufwendigen massengefertigten Gipsbordüren, die durch den homogenen Goldüberzug in massiver Schwere erscheinen, kamen in der Folge schmale Holz- und Metallleisten in Verwendung, die bald durch einfache Keilrahmen ersetzt wurden, bis man schließlich ganz auf den Rahmen verzichtete. (Das wohl frühste Beispiel eines Gemäldes, das sich ohne Rahmen präsentierte, bildet Pablo Picassos Porträt der *Gertrude Stein*, das der Künstler 1906 begonnen hatte, aber erst 1908 ohne Modell nur aus der Erinnerung vollendete. Mit diesem einschneidenden Schritt der Entgrenzung von Bildfläche und Umraum betonte Picasso die absolute Handlungsfreiheit und Eigenmächtigkeit des Künstlers und eröffnete der Malerei neue Dimensionen. (Die Rolle eines vorausdenkenden Anregers kann hierbei Maurice Denis zugesprochen werden, der in seiner berühmten These als Einleitung zu seiner *Definition des Neotraditionalismus* (1890) die Bildfläche auf ihre ursprüngliche Funktion als ein Stück Leinwand zurückführte. Ebenso richtungsweisend für die weitere Entwicklung in der Malerei war Henri Matisse, der den bedingungslosen Verzicht der Perspektive zugunsten einer rein flächenhaften Bildordnung forderte. (In diese Tradition des Primats der Bildfläche reihte sich in radikaler Weise Lucio Fontana ein, der in der gezielten Geste der Aufschlitzung der Leinwand nicht nur die Leerform mit positivem Formenwert versah, als kompositorisches Spiel von Hohlraum und Umraum und deren wechselseitiger Durchdringung, sondern in letzter Konsequenz sowohl das beengende Ordnungsprinzip des Rahmens wie auch das der Bildfläche selbst in Frage stellte. Die Wand wird deutlich zum Bildelement. (Man könnte noch viele künstlerische Positionen anführen, die in ihren Bestrebungen nach Entsubstanzialisierung oder Verabsolutierung von Form, Farbe, Fläche und Leinwand grundlegende Schritte gesetzt haben, von Malewitsch, Rodtschenko, Delaunay, Mondrian, Arp bis hin zu Newman, Rothko oder Reinhardt und Richard Artschwager, Blinky Palermo, Robert Ryman, Jo Baer, Robert Barry etc., die damit auch wesentliche Kapitel der Geschichte des Rahmens in unserem Jahrhundert geschrieben haben. (Die Entstehungsgeschichte des Rahmens sowie dessen Verlust ist eine lange und komplexe Geschichte. Obwohl in diesem Artikel der historische Rekurs zur Idee des Rahmens nur sehr beschränkt ausgeführt werden kann und dabei nicht der Anspruch erhoben wird, eine lineare Entwicklungsgeschichte darzustellen, sollen dennoch noch einige elementare Positionen angeführt werden: Als wichtige Wegbereiter, die ästhetische Lösungen zu dieser Thematik lieferten, fungieren spezifische Arbeiten Giulio Paolinis aus den 60er-Jahren. Jüngere Positionen, die in ihren Werken über Transformationen des Rahmens von dessen Eigenwert oder Abbildungswert referieren, sind u. a. Imi Knoebel, Georg Herold oder Christian Eckart. (Zu den wesentlichen Neuerungen der Moderne gehört erstens, den Rahmen nicht mehr auf das Bild, sondern auf den Raum zu beziehen, da der Rahmen selbst das autonome Bildwerk ist, zweitens den Rahmen als Bildwerk nicht kunstimmanent, sondern durch den Kontext, die Rahmenbedingungen zu definieren. Somit erfährt die Verweigerung der Abbildhaftigkeit eine neue Funktion. Es werden keine Landschaften oder Menschen abgebildet, da beim bildlosen Rahmen – im Gegensatz zum rahmenlosen Bild – dies auch gar nicht möglich wäre. Dafür jedoch bildet der Rahmen selbst das Bild oder die Skulptur. Die externe Referenz der gegenständlichen Malerei, die interne Referenz der expressiven Abstraktion, die Selbstreferenz des Materialbildes wurden ersetzt durch die spatiale Referenz. Das Geviert des Rahmens ist ein aus vier Elementen bestehendes Gebilde, ein Quadrupel. Dieses Quadrupel definiert sich selbst, aber auch den Raum, indem es ihn besetzt. Miller hat am konsequentesten diese Funktion des Rahmens vom Bild gelöst und ihn als skulpturales Element des Raumes definiert, Millers Rahmen sind Raumobjekte an der Wand oder am Boden. Der Rahmen umschließt nicht mehr eine Fläche, die Fläche eines Bildes, sondern – umschlossen vom Raum – punktiert er den Raum. In der präzisen reversiblen Funktion zwischen Bild und Objekt, zwischen Fläche und Raum, hat Miller das minimalistische Erbe zu Ende gedacht. Sein re-framing ist gleichsam ein re-framing der stacks (der an der Wand aufgestapelten Boxen) von Donald Judd, ähnlich wie John Armleder sich die Erbschaft

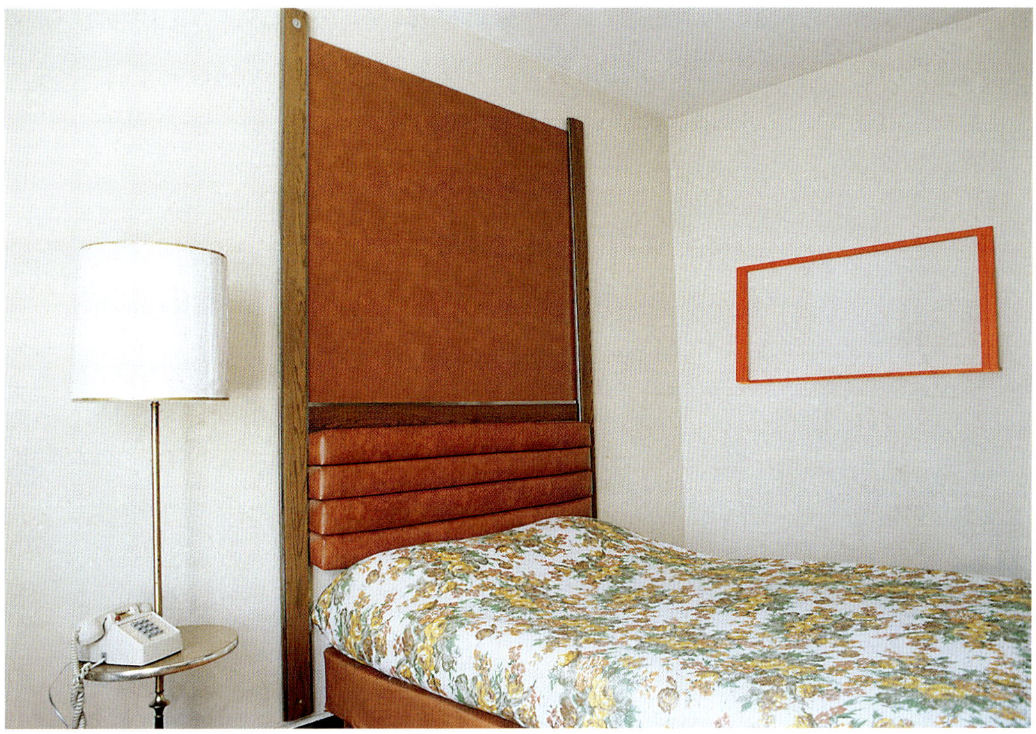

von Rodtschenko als Neo-Avantgarde angeeignet hat. Nicht von ungefähr hat Miller sowohl mit John Armleder als auch mit Pietro Sanguineti zusammen ausgestellt, denen gemeinsam ist, die Ergebnisse der Avantgarde der 60er-Jahre von hard:edge über shaped canvas zur minimal sculpture zu aktualisieren. (Erst wenn die Rahmengestaltung formale Probleme der Kunst aufnimmt, insbesondere das Problem Umfeld – Bildfeld, beginnt im historischen Sinne die Kunst. Durch die flächenhafte Bildordnung entstand das Primat der Bildfläche in der abstrakten Malerei in der ersten Jahrhunderthälfte. Dieses Primat ermöglichte auch seine Negation. Der Verlust der Bildfläche im bildlosen Rahmen ist nur die negative Dialektik des kolorierten Flächenprimats. Im Zuge der Vorbereitung dieses Verlustes war die Wand schon Teil des Bildes geworden. Das Bild (feld) war nicht mehr klar von der Wand, seinem Umfeld, unterscheidbar. Dadurch traten Rahmen und Raum in ein neues, nämlich nicht illusionistisches oder repräsentatives Verhältnis. Der Rahmen fasst kein Bild mehr ein, sondern den Raum. Bildfeld und Umfeld bilden Variable in einer neuen Gleichung. Die in der Kunstgeschichte schon mehrmals angestrebte Entgrenzung von Bildfläche und Umraum hat ihre Vollendung gefunden, auch wenn der Preis der Verlust der Bildfläche ist. Das ‚Bild' wurde durch die negativen Bilder, die nur aus fragmentarischen Rahmen bestehen, in der Tat eine ins Unendliche geöffnete Form. Die Grenze zwischen Bildfeld und Umfeld ist undeutlich und offen. (Diese Rahmenbilder sind rein spatial organisiert, auf den Um-

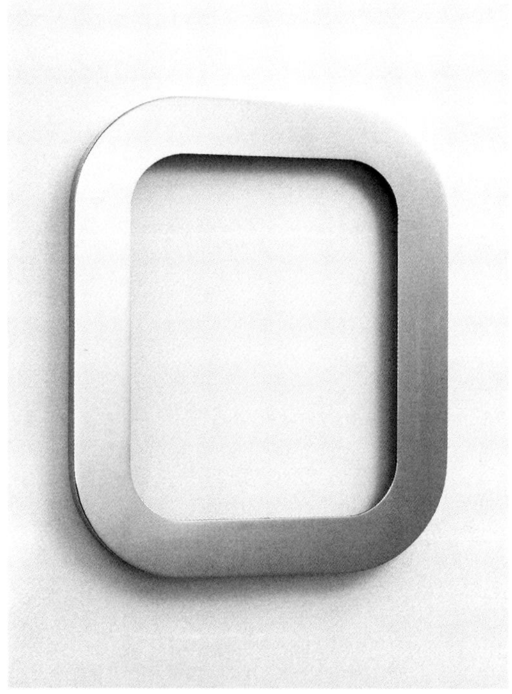

raum bezogen. Sie sind als Erben des Minimalismus vollkommen kontraillusionistisch und kontrarepräsentativ. Der Rahmen ist kein Dekorum mehr für ein Bild, sondern ein autonomes Objekt, das den Raum akzentuiert und artikuliert. Er wird ein räumliches Element. Die Wandfläche ersetzt die Bildfläche. Der Bildraum wird zum realen Raum. Der Rahmen wechselt vom dekorativen Element zum autonomen Gebilde, von einem Instrument der Bildgestaltung und des Bildaufbaus zu einem Instrument des Wandaufbaus und der Raumgestaltung. Der Rahmen wird dabei von einer äußeren zu einer inneren Form. Er umgrenzt nicht mehr, sondern entgrenzt. Die eine Bildfläche umgrenzende Form, welche auch die innere Komposition definiert, wird autonom und selbst umgrenzt, bildet selbst eine äußere Komposition innerhalb der sie umgebenden Wandflächen. Die Rahmen, die normalerweise ein Bild rahmen, brauchen selbst wieder Rahmen. Der Rahmen ist das Displaysystem des Bildes, dennoch braucht auch der Rahmen ein Displaysystem. Durch die Emanzipation des Rahmens wird auch das Displaysystem des Rahmens selbst aufgewertet. Alle Stützelemente des Rahmens, also Hilfselemente des Rahmens selbst, werden als autonome Kunstobjekte ausgestellt. (In der einflussreichen Ausstellung des Jahre 1966, *Systemic Painting* am Guggenheim Museum, die minimalistische Malerei zeigte, in der die Aktion und Gestik der abstrakten Malerei durch das System ersetzt wurde, waren die Arbeiten von Jo Baer, die neben Agnes Martin, Larry Poons, Robert Mangold und Dorothea Rockburne gezeigt wurde, besonders auffallend. Um die Objekt-Natur der Gemälde zu betonen, waren diese mit massiven, dreidimensionalen

Rahmen ausgestattet, über welche die Leinwand gespannt worden war. Jo Baer malt nur die vertikalen Ecken oder sogar nur auf den Flanken des Bildes. In diesem Spiel mit Faktur und Farbe, physischer Präsenz und Illusion, Objekt und Malerei verschiebt sich die Wahrnehmung. Die Ambiguität zwischen Bild und Objekt in der reinen flachen Malerei wird offensichtlich. Die Malerei, bis zum Rande ausgereizt, ereignet sich nun wörtlich am Rand, auf der Ecke: mechanisch, statt gestisch, fabriziert, nicht expressiv. Die Reduktion auf die Ecken und Kanten betonte die Dialektik des gemalten Objekts. Die leere Wüste der weißen Oberfläche wird durch die Eckenmalerei begrenzt und gleichzeitig erweitert. Malerei als ein rein zufälliges Phänomen transformiert das Bild in seine eigene Mimesis: ein Objekt und sein Schatten, sichtbar und seltsam abwesend. „The painting is an object, but that object is not identical with what is actually confined within its bounds. I have always had the feeling, that an object is larger than its outline, that it has a field of force beyond itself."[3] Die Malerei von Jo Baer der 60er-Jahre wie die *Edge Paintings* (1966–68) von Sam Francis haben die Oberfläche des Tafelbildes freigesetzt, entleert und befreit und damit erstmals als Wandobjekte definiert. Robert Ryman konnte daran ansetzen, indem er die Wandfläche zum Teil des Gemäldes erklärte. Er zog eine immer dünnere Linie zwischen der Kante des Tafelbildes und der Wand, sodass die Gemälde ohne die Wand keinen Sinn ergeben würden. Die Wand selbst wurde zum Bild und damit wurde die Wand von ihrer Trägerfunktion, von ihrer Subordination als reines Trägermedium der Malerei befreit. Wir können also in der Entwicklung einer absoluten Kunst feststellen, dass die Malerei das Bild vollkommen verloren hat und dass an die Stelle des Bildes der emanzipierte Rahmen und die befreite Wand getreten sind. Der Rahmen als Objekt und die Wand als Bild sind die letzten Stationen in einer Kette von Befreiungsakten: nach der Befreiung und Verselbstständigung von Farbe, Form und Fläche haben sich auch Rahmen und Wand befreit. Millers Arbeiten stehen in dieser Tradition eines radikalen Modernismus, dessen Zentrum das Problem der Fläche war. Indem Miller die Fläche selbst preisgibt und auf die Wand als letzte Fläche verweist, erreicht er nicht nur die Grenzen der geometrischen Abstraktion und der minimalistischen Skulptur, sondern des Modernismus selbst.

1 John Berger, Das Sichtbare & das Verborgene, München/Wien 1990, S. 229. 2 Vgl. Christa Steinle, Der Kontrakt des Künstlers mit der Neuen Galerie. Eine Rahmengeschichte, in: Kat. Peter Weibel. Malerei zwischen Anarchie und Forschung, Graz 1992. 3 Jo Baer, Kat. Whitney Museum of American Art, N.Y. 1975.

(Seite 125 / *page 125*) Cass Hotel, Chicago, 1991

(Seite 126 links / *page 126 left*) Anlage 146, 1997, Stahl/Lack / *steel/paint*, 190 x 150 x 9 cm

(Seite 126 rechts / *page 126 right*) ready-mix c8, 1999, Aluminium poliert/*polished aluminium*, 50 x 42 x 3 cm

(Seite 128 / *page 128*) ready-mix c16, 1999, Aluminium/Lack / *aluminium/paint*, 50 x 42 x 3 cm

(Seite 131 / *page 131*) Galerie Albrecht, München, 1999

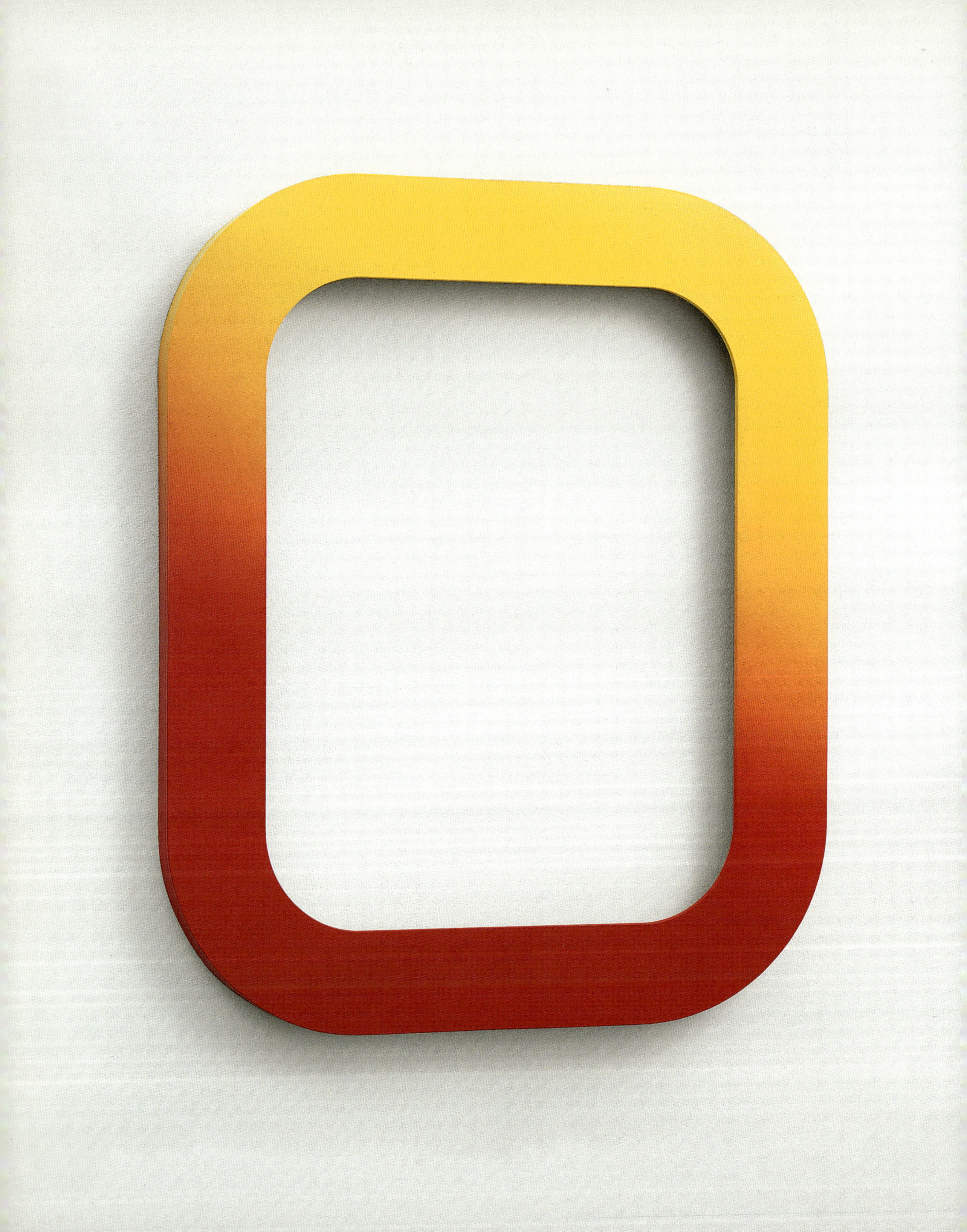

Pictureless frame as object and picture *by Peter Weibel*

Gerold Miller's re-framing of the framing problem falls within a long modernistic tradition. Frames were originally used to enclose sacred images, fitting precisely around the picture area to make it stand out from the background. The frame usually consisted of simple rectangular strips of wood, often painted gold. Then Gothic winged altars usually have elaborate baldacchino-like carving, pointed-arched fields with decorative pinnacled gables framing the image, as for example in Simone Martini's *Annunciation* (1333, Uffizi Florence), so that it is no longer possible to distinguish between the architecture of the altar retable and the architectural setting that frames it. This relationship between the artistically designed rear wall of an altar and the surrounding architecture, in other words between the wall with the image on it and the space it occupies, is precisely the reference point for Miller's investigation of the difference between sculpture and the picture as an object beyond the representation crisis. (In his article *Das Kunstwerk. Der Ort der Malerei,*[1] John Berger pointed out that even before the picture frame „the regular format of a painted area – whether it was rectangular, round or oval" – produced the effect of a frame. „The picture has edges, and as they are geometrical, they enclose it." So the frame represents the outer form enclosing the picture, which makes composition essential. The compositional function of the frame is maintained, with the difference that previously it had been directed at what was inside it, in other words the picture, whereas now it makes itself independent and the frame itself becomes a composition. Though in this case the frame changes from picture format into a wall sculpture. (Of course frames have always not simply accompanied and framed pictures, they led a life of their own, even before the Modern epoch. Modernism just radicalized the independence of the frame and rendered it absolute. (The Renaissance developed new forms for the frame, circular for the tondo, and the aedicule as a sacred shrine, intended to emphasize the sense of spatial illusion.[2] So the function of the frame also expanded with the stylistic development of Renaissance painting. It served not only as a support for the picture, but became the most important instrument in terms of pictorial structure through the creative force of its form and proportions. In the pictorial theme of the Sacra Conversazione developed by the Renaissance, the Madonna with Child and flanking saints is often surrounded by illusionistic mock architecture made up of columns, pilasters and coffered barrel vaults. Here the columns in the framing architecture placed in front of the picture area are allotted the task of continuing the illusionistic stage set effect as a real zone. Andrea Mantegna's high altar in San Zeno (1457–59, Verona) is a convincing example of a function of the frame suggesting a spatial imagination. (In parallel with this aesthetic dimension of the frame, acquired by taking up the internal decoration of the picture through its size and structure, its function on the plane of content can also be established, as the frame tells the ‚framing story' in the form of texts or attributive images relating to the subject of the picture, as a narrative montage, as a piece of genuine symbolism, for example in Vincenzo Foppa's Madonna *Mary with the Book* (1464–68, Castello Sforzesco, Milano). (The relationship between frame and space also changed with the so-called Copernican revolution and the loss of the anthropocentric world picture. The classical rules of picture construction were suspended, continuous development of spatial depth was abandoned in favour of dominant diagonal compositions, expressing themselves in a powerful suggestion of depth and extraordinary movement dynamics that threatened to break the frame altogether. This tendency was further and considerably heightened by Baroque art, which tried to remove the boundaries between appearance and reality in accordance with the changed world view. (Form opened up to infinity, blurring all formal boundaries, was the sought-after goal, and this was appropriately implemented in illusionistic ceiling paintings or Baroque high altars. The size of Baroque panel pictures made the frame into a defining link between the picture and the interior decoration. It rose to supreme heights of craft mastery, in order to enhance the impression of magnificence given by the space. Through the various materials, ranging from fine woods with rich marquetry to often lavish ornament, the frame underlined the exquisite qualities of the painting. The frame was able to make itself independent for the first time, entering into competition with the picture and becoming an art object in its own right. The famous mid-18th century Chippendale frames are a perfect example. (Towards the middle of the 19th century, in the age of progressive industrialization and mass production, the frame became increasingly less important. It was certainly still a major element in pictorial creation for painters like Georges Seurat, as an integrating component for empirical colour studies, and in the Jugendstil movement the frame was a creative device that was often drawn into the pictorial composition. But then historicism reduced the frame to its original supporting function as an autonomous decorative element. Elaborate mass-produced plaster borders, heavy- and solid-looking because of the homogeneous gilding, were followed by slender strips of wood or metal, which were soon replaced in their turn by simple stretchers, until finally frames were abandoned completely. (Probably the first example of a painting presented without a frame was Pablo Picasso's portrait of *Gertrude Stein*, which the artist started in 1906 but did not complete until 1908, without a model and from memory. By taking this drastic step of removing the border between the picture and the surrounding area, Picasso was emphasizing the artist's absolute freedom to act exactly as he wished, and thus opened up new dimensions for painting. (Maurice Denis is certainly a stimulating thinker in advance of his time in this context. In his famous thesis as an introduction to his *Definition of Neo-Traditionalism* (1890) he took the picture back to its original function as a piece of canvas. Henri Matisse was equally ground-breaking for the further development of painting. He demanded unconditional surrender of perspective in favour of purely two-dimensional pictorial composition. (Lucio Fontana fits in entirely with the tradition of the primacy of the picture. By deliberately slitting open the canvas he not only endowed the empty form with positive formal value,

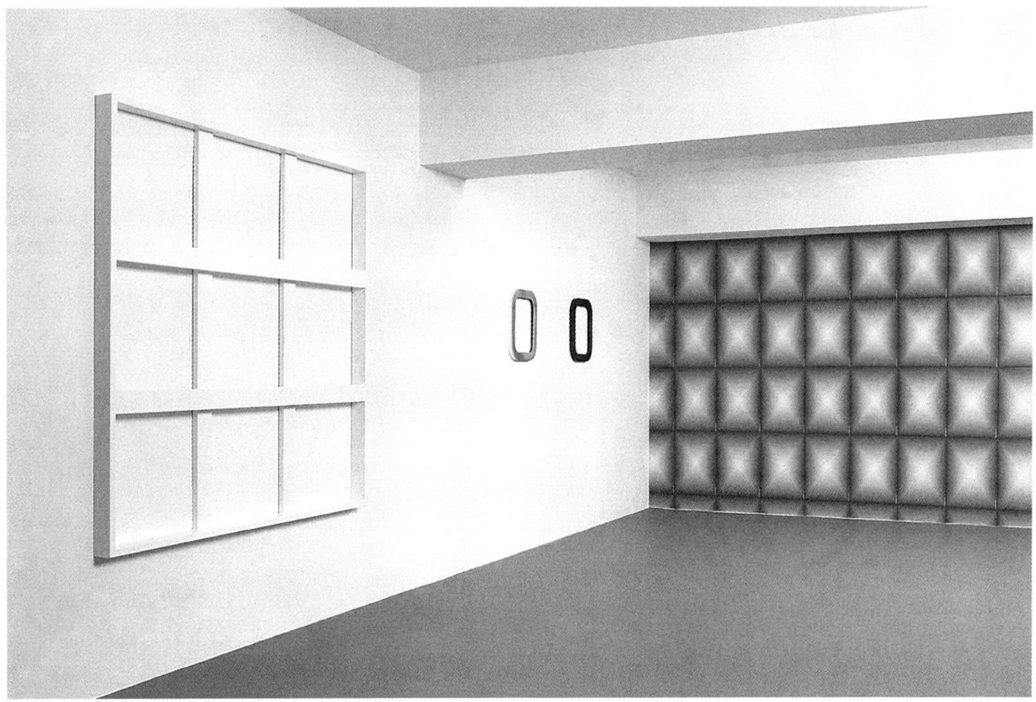

as a compositional interplay of cavity and surrounding space, with mutual interpenetration, he also took the final logical step of questioning the frame's restricting ordering principle, as well as that of the picture itself. (It would be possible to list a whole number of other artistic positions that made fundamental steps in their efforts to de-substantialize form, colour, surface and canvas, or to make them absolute, from Malevich, Rodshenko, Delaunay, Mondrian and Arp to Newman, Rothko or Reinhardt and Richard Artschwager, Blinky Palermo, Robert Ryman, Jo Baer, Robert Barry etc., who have also made important contributions to the story of the frame in our century. (The story of how the frame came into being and how it was lost is long and complex. Although it is only possible in this article to refer back historically to the idea of the frame to a very limited extent, and no claim can be made to presenting a linear development story, some key positions should nevertheless be mentioned: specific works by Giulio Paolini dating from the 60s function as important pioneers that provided aesthetic solutions on this subject. More recent positions, whose work presents transformations of the frame in terms of its own value or its illustrative value include Imi Knoebel, Georg Herold or Christian Eckart. (The first of Modernism's crucial innovations was not relating the frame to the picture but to the space, as the frame itself is the autonomous pictorial work, and secondly not to define the frame as having art inherent in it, but to define it through the context, the general, or ‚framing', conditions. Thus the rejection of representational quality acquires a new function. No landscapes or people are portrayed, as in the case of a frame without a picture – in contrast to the picture without a frame – this would also not be possible at all. But instead the frame itself is the picture or the sculpture. The external reference of representational painting, the internal reference of expressive abstraction, the self-reference of the material image were replaced by spatial reference. The square of the frame is a structure made up of four elements, a quadruple. This quadruple defines itself, but also the space, in that it occupies it. Miller has detached this function of the frame from the picture in the most consistent way, and defined it as a sculptural element of space, Miller's frames are space-objects on the wall or on the floor. The frame no longer encloses a surface, the surface of a picture, but – surrounded by space – it punctures space. Miller has thought the Minimalist legacy to a conclusion in his precise, reversible function between image and object, between surface and space. His re-framing is effectively a reframing of Donald Judd's stacks (boxes piled up against a wall), similarly to the way in which John Armleder took over the legacy of Rodshenko as neo-avant-garde. It is no co-incidence that Miller has exhibited with both John Armleder and Pietro Sanguineti, as all three artists share the quality of updating the products of the avant-garde, from hard:edge via shaped canvas to minimal sculpture. (Art in the historical sense does not start until frame design takes on art's formal problems, especially the problem of its surroundings. The picture achieved primacy in abstract painting in the first half of the twentieth century because of two-dimensional pictorial order. It was only this primacy that made its negation possible. The loss of the picture in the pictureless frame is only the negative dialectic of coloured surface primacy. While this loss was being prepared, the wall had already become part of the picture. The picture (field) was no longer clearly distinguishable from the wall, its surrounding area. This meant that frame and space entered into a new relationship that was not illusionistic or representational. The frame no longer encloses a picture, but the space. Picture area and surrounding area are variables in a new equation. The removal of borders between picture area and surrounding area, aspired to so many times in art history, has reached perfection, even though the picture is the price of that loss. The negative pictures that consist only of fragmentary frames have made the ‚picture' into a form that opens into the infinite. The border between picture area and surrounding area is indistinct and open. (These frame pictures are organized purely spatially, and relate to the space around them. As heirs of Minimalism, they are completely counter-illusionistic and counter-representational. The frame is no longer décor for a picture, but an autonomous object that accentuates and articulates the space. It becomes a spatial element. The wall surface replaces the pictorial surface. Pictorial space becomes real space. The frame changes from a decorative element to an autonomous structure, from an instrument of pictorial creation and construction to an instrument of wall construction and space creation. And as a result of this the frame changes from an external to an internal form. It no longer borders, it removes borders. The form enclosing a picture, which also defines the internal composition, itself forms an external composition within the wall surfaces that surround it. The frames that normally frame a picture now need frames themselves again. The frame is a display system for the picture, and yet the frame needs a display system as well. The emancipation of the frame means that the display system of the frame itself is revalued. All the frame's support elements, in other words auxiliary elements of the frame itself, are displayed as autonomous art objects. (In an influential exhibition dating from 1966, *Systemic Painting* at the Guggenheim Museum, showing minimalist painting in which the actions and gestures of abstract painting are replaced by the system, Jo Baer appeared alongside Agnes Martin, Larry Poons, Robert Mangold and Dorothea Rockburne; Baer's work was particularly striking. To emphasize the object nature of the paintings, these were provided with massive, three-dimensional frames with the canvas stretched over them. Jo Baer only paints the vertical corners, or even only the flanks of the picture. Perception is shifted in this game with treatment and colour, physical presence and illusion, object and painting. The ambiguity existing between picture and object in pure two-dimensional painting becomes obvious. The art of painting, played up to the bounds, to the very edge of what is possible, now really does happen on the edge, at the corner: mechanically, rather than gesturally, fabricated, and not expressive. Reduction to the corners and edges emphasized the dialectic of the painted object. The barren waste of the white surface is confined and at the same time extended by the corner-painting. Painting as a purely random phenomenon transforms the picture into its own mimesis: an object and its shadow, visible and strangely absent. „The painting is an object, but that object is not identical with what is actually confined within its bounds. I have always had the feeling, that an object is larger than its outline, that it has a field of force beyond itself."[3] Jo Baer's 60s paintings, like Sam Francis's *Edge Paintings* (1966–68) released, emptied and liberated the surface of the panel picture, and thus defined themselves as wall objects for the first time. Robert Ryman was able to pick up at this point by declaring that the surface of the wall was part of the picture. He drew an increasingly thin line between the edge of the panel picture and the wall, which meant that the paintings would not make sense without the wall. The wall itself became a picture and thus the wall was relieved of its support function, of its subordination as a mere support system for painting. Thus we can establish in the development of an absolute art that painting has completely lost the picture, and that the emancipated frame and the liberated wall have taken the place of the picture. The frame as an object and the wall as a picture are the last stages in a chain of liberating acts: after the liberation and achievement of independence of colour, form and surface, frame and wall have now liberated themselves as well. Miller's works are in this tradition of radical Modernism, which was centred on the problem of the surface. By exposing the surface itself and referring to the wall as the last surface, he not only reaches the limits of geometrical abstraction and of minimalist sculpture, but of Modernism itself.

1 John Berger, Das Sichtbare & das Verborgene, Munich/Vienna 1990, p. 229. 2 Cf. Christa Steinle, Der Kontrakt des Künstlers mit der Neuen Galerie. Eine Rahmengeschichte, in: cat. Peter Weibel. Malerei zwischen Anarchie und Forschung, Graz 1992. 3 Jo Baer, cat. Whitney Museum of American Art, N.Y. 1975.

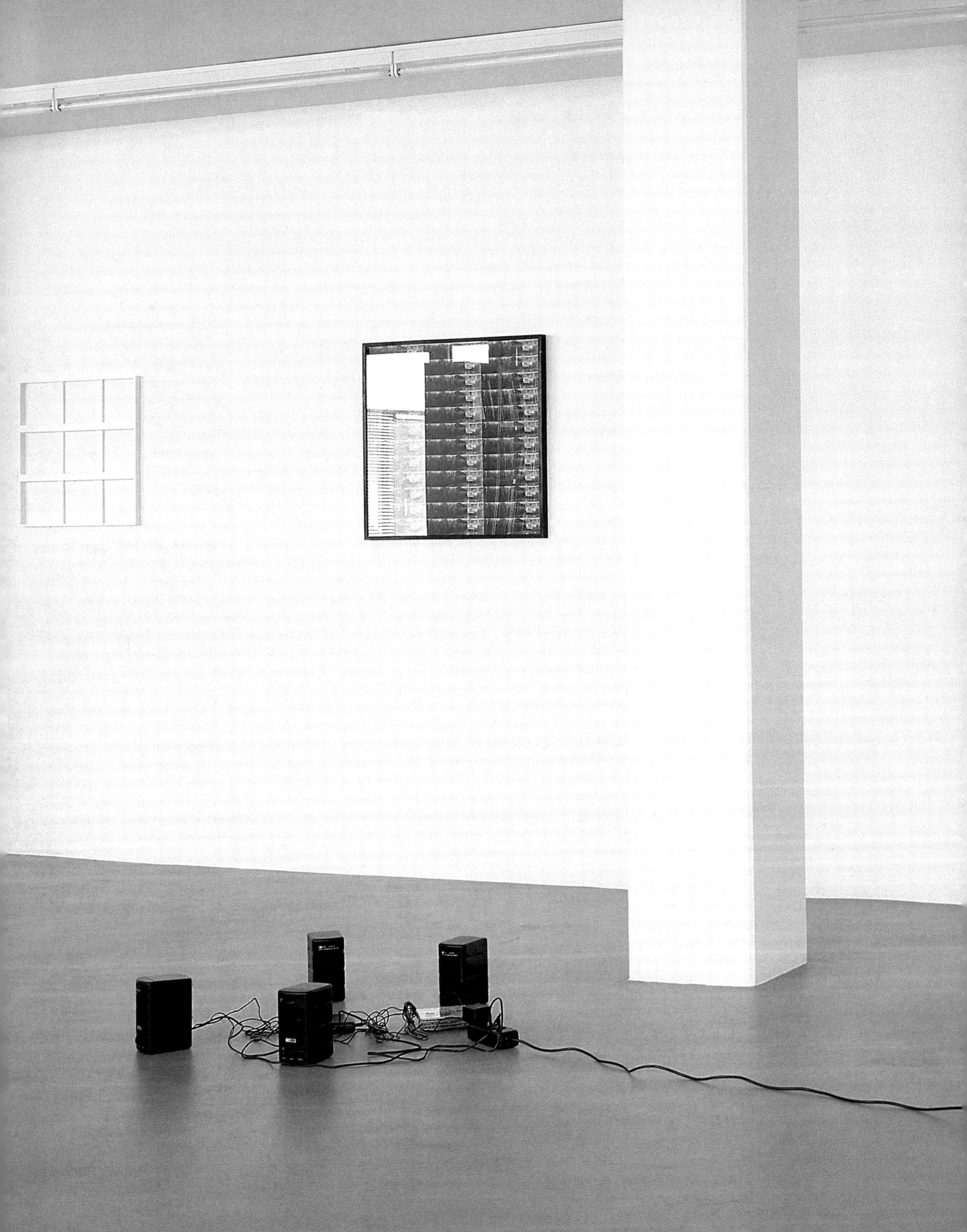

(Seite 134/135 / *page 134/135*) Galerie Albrecht, München, 1997

(Seite 137 / *page 137*) ready-mix c20, 1999, Aluminium eloxiert/*anodized aluminium*, 60 x 52 x 4 cm

(Seite 138–141 / *page 138–141*) Galerie Trabant, Wien (mit/*with* John M Armleder), 2001

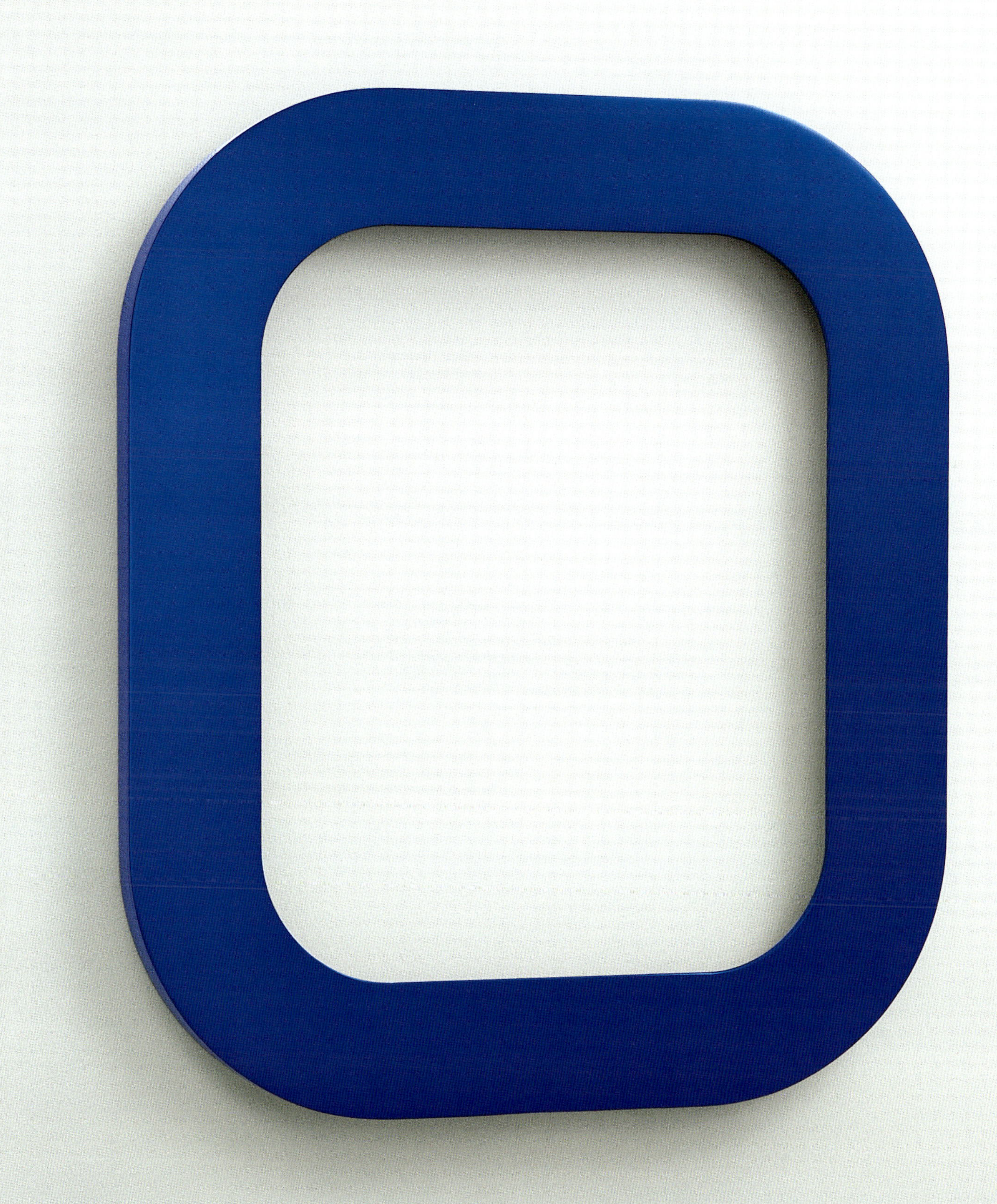

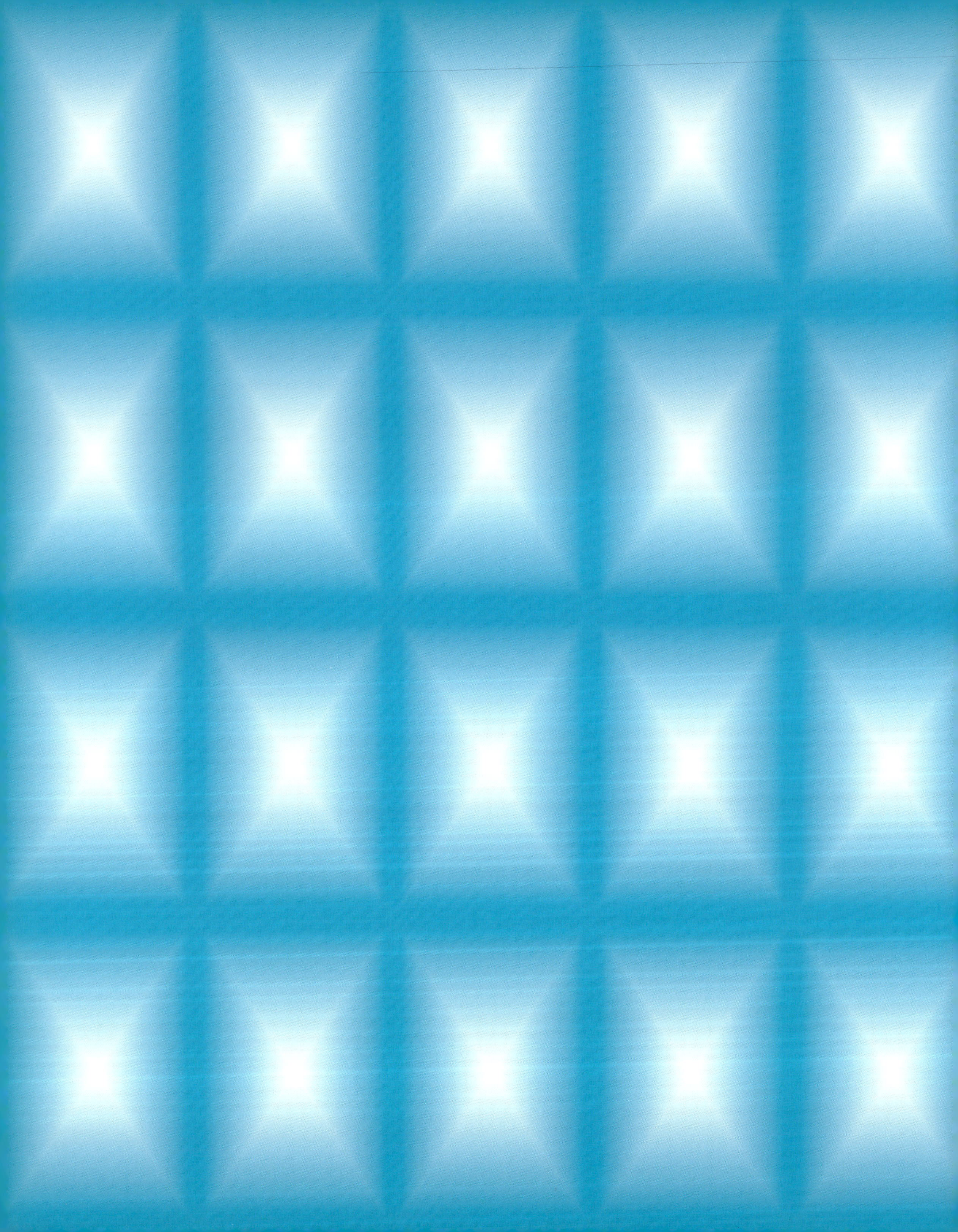

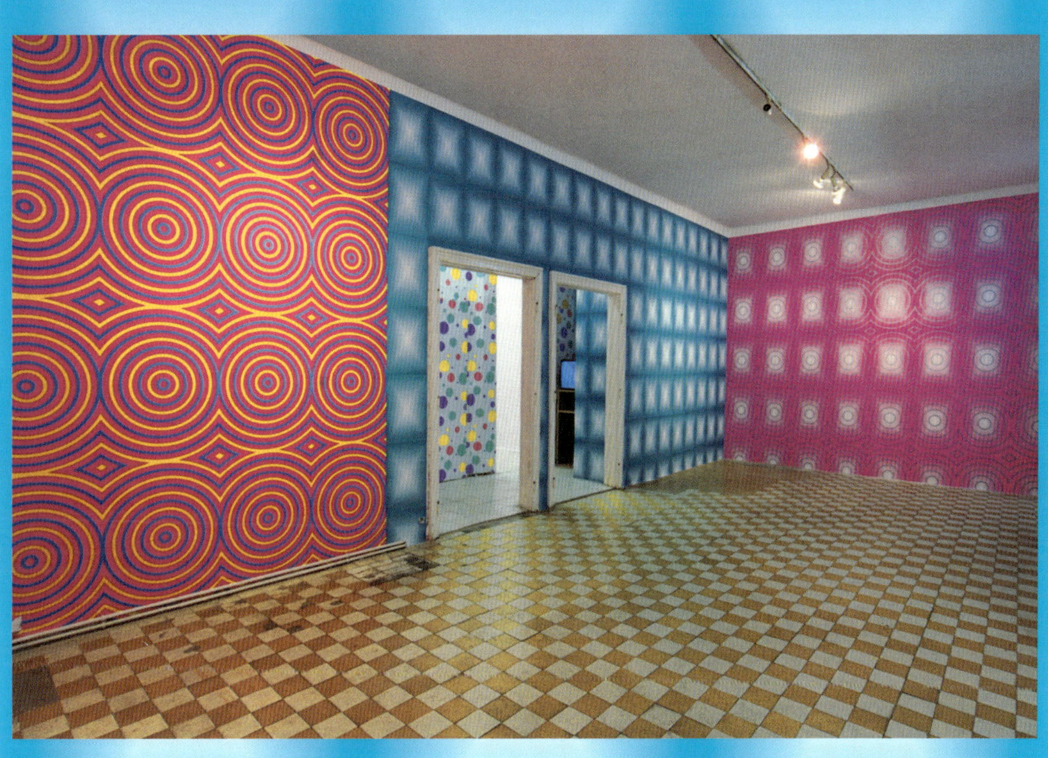

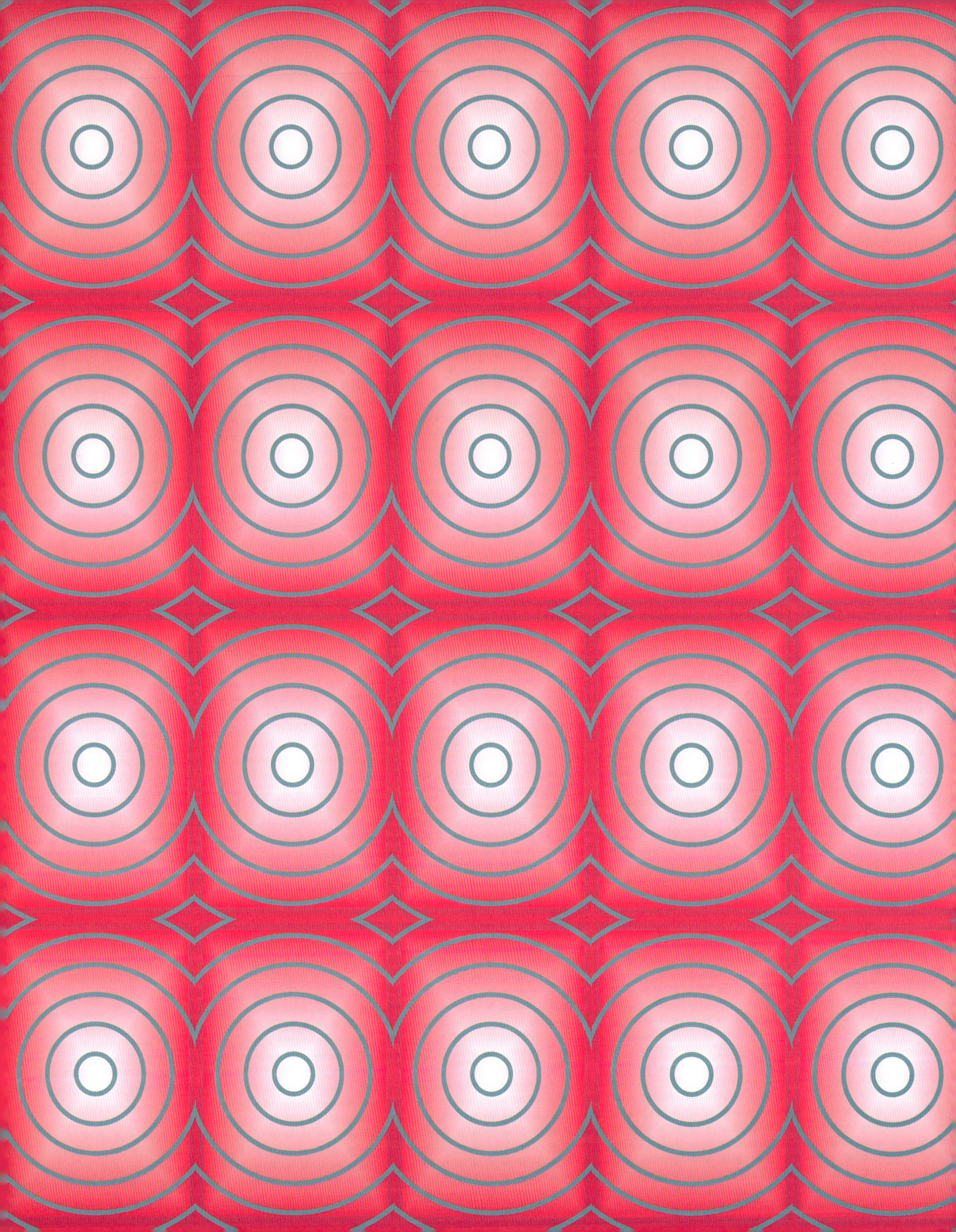

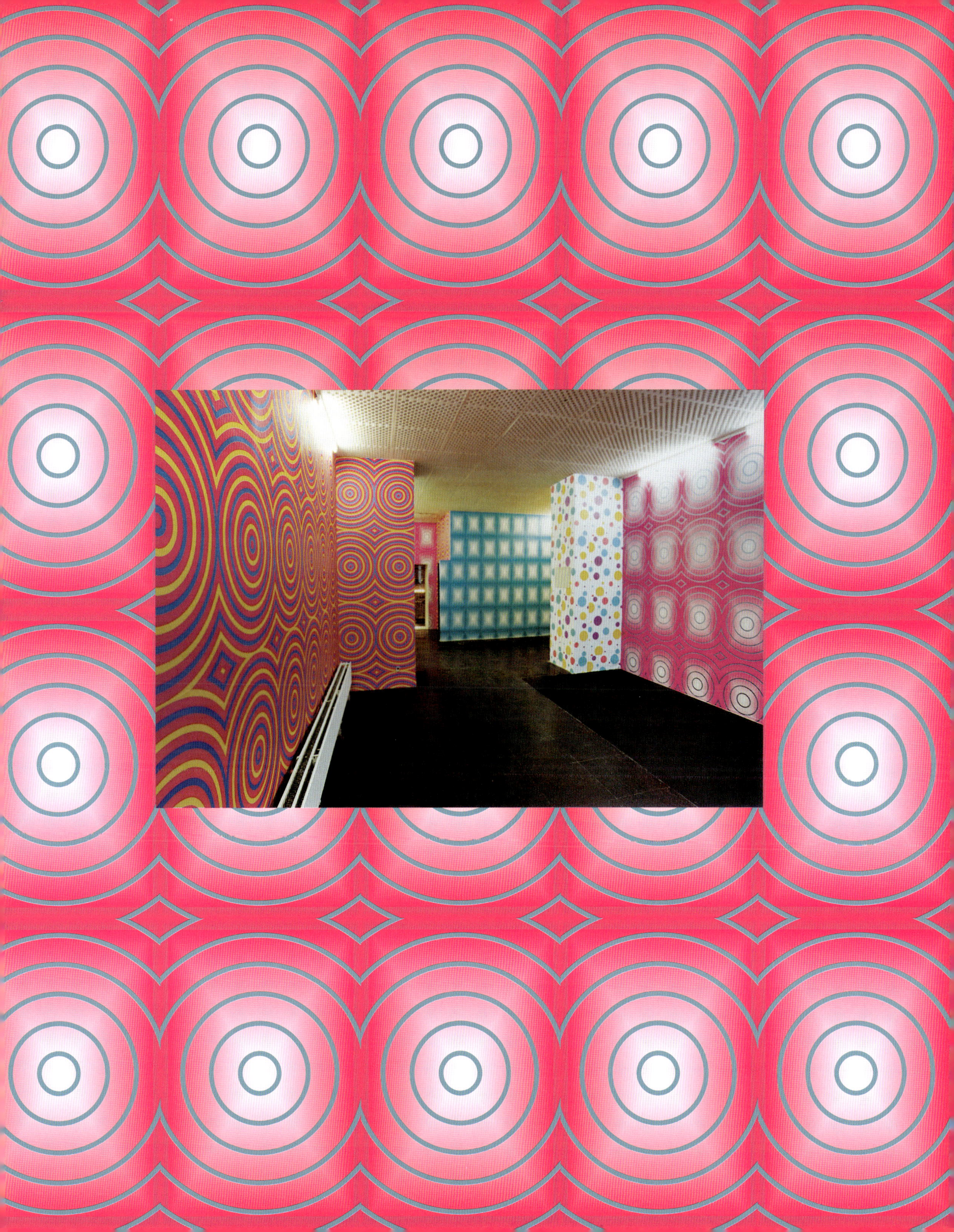

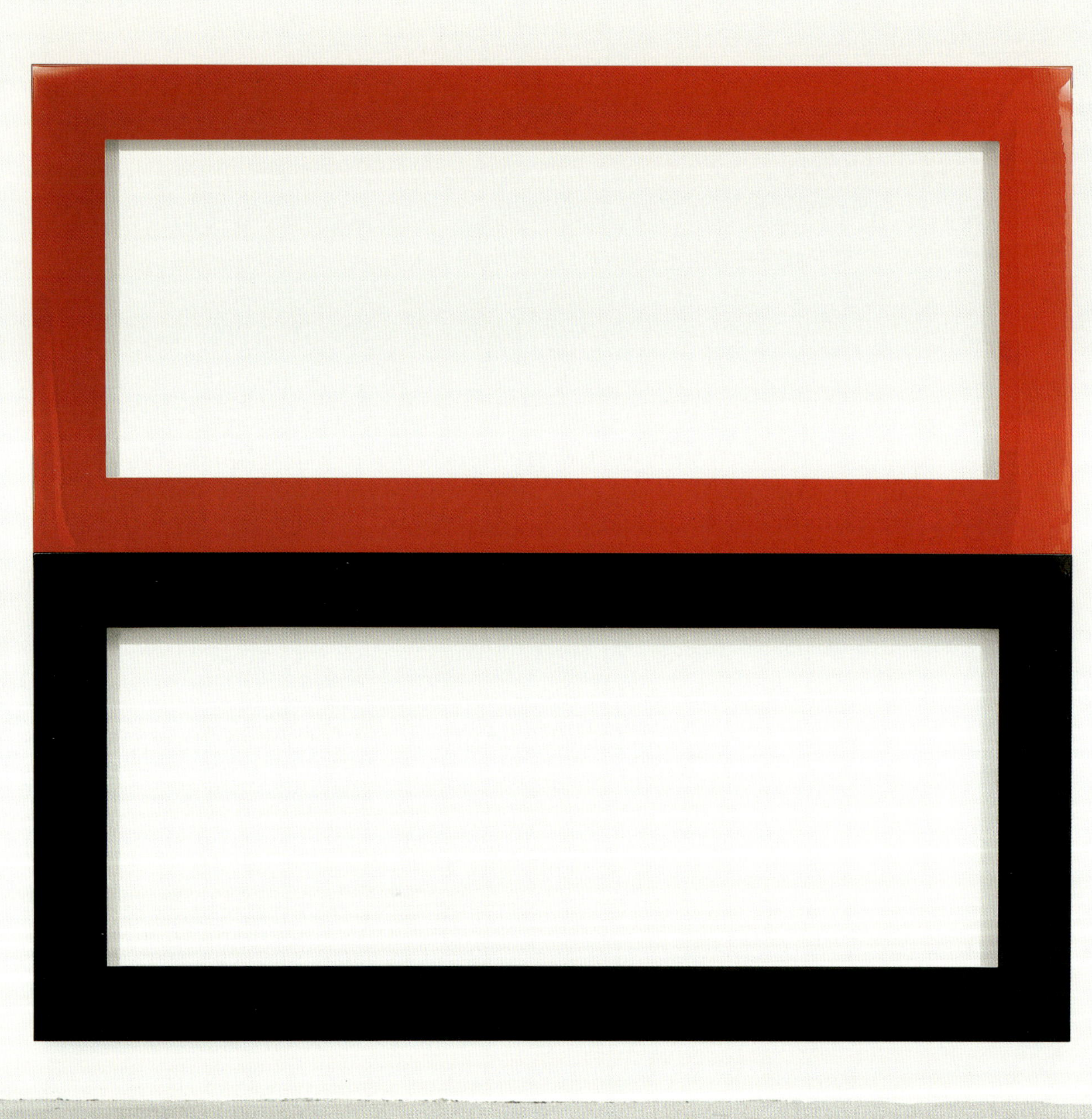

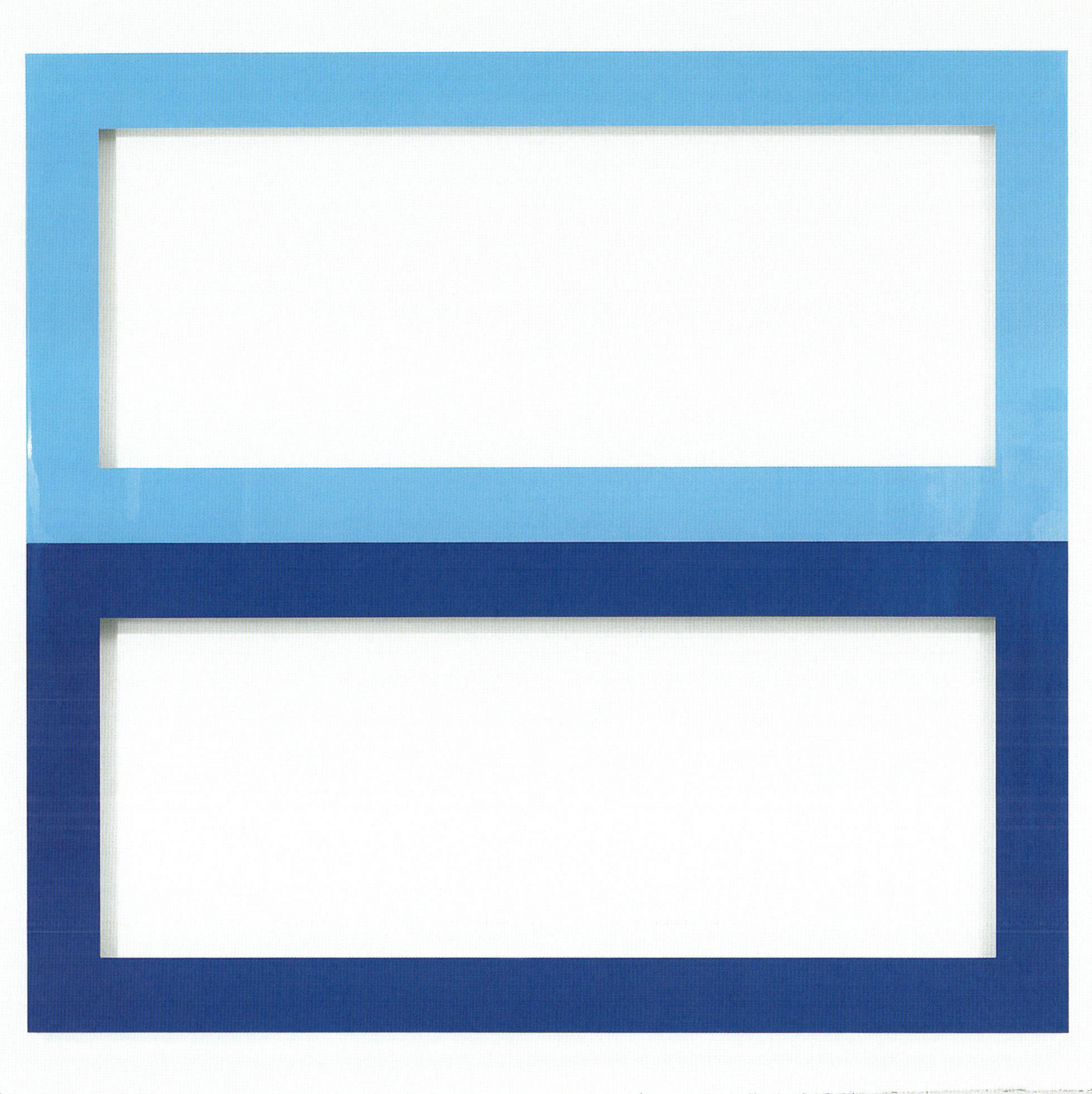

(Seite 142 / *page 142*) hard:edged 61, 2002,

Aluminium lackiert/*high-gloss painted aluminium*, 260 x 285 x 10 cm

(Seite 143 / *page 143*) hard:edged 30, 2001,

Aluminium lackiert/*high-gloss painted aluminium*, 260 x 285 x 10 cm

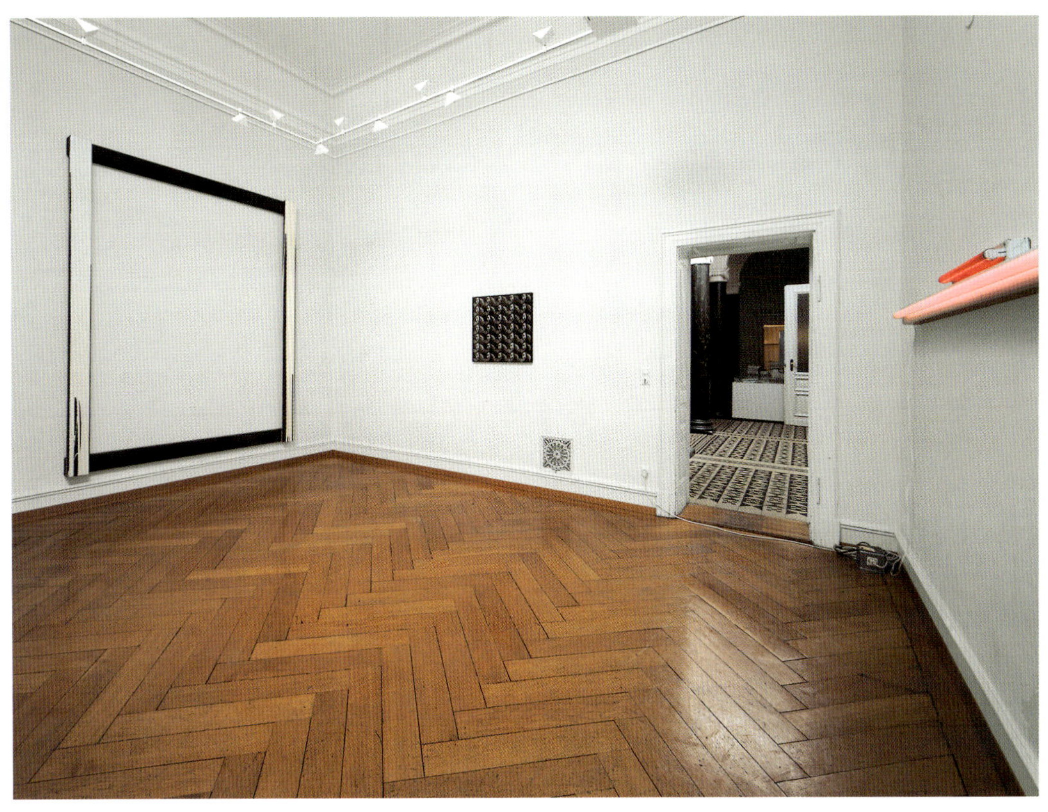

(Seite 145 / *page 145*) Villa Merkel, Städtische Galerie, Esslingen, 1997

(Seite 146/147 / *page 146/147*) Hyatt Hotel, Berlin, 1998

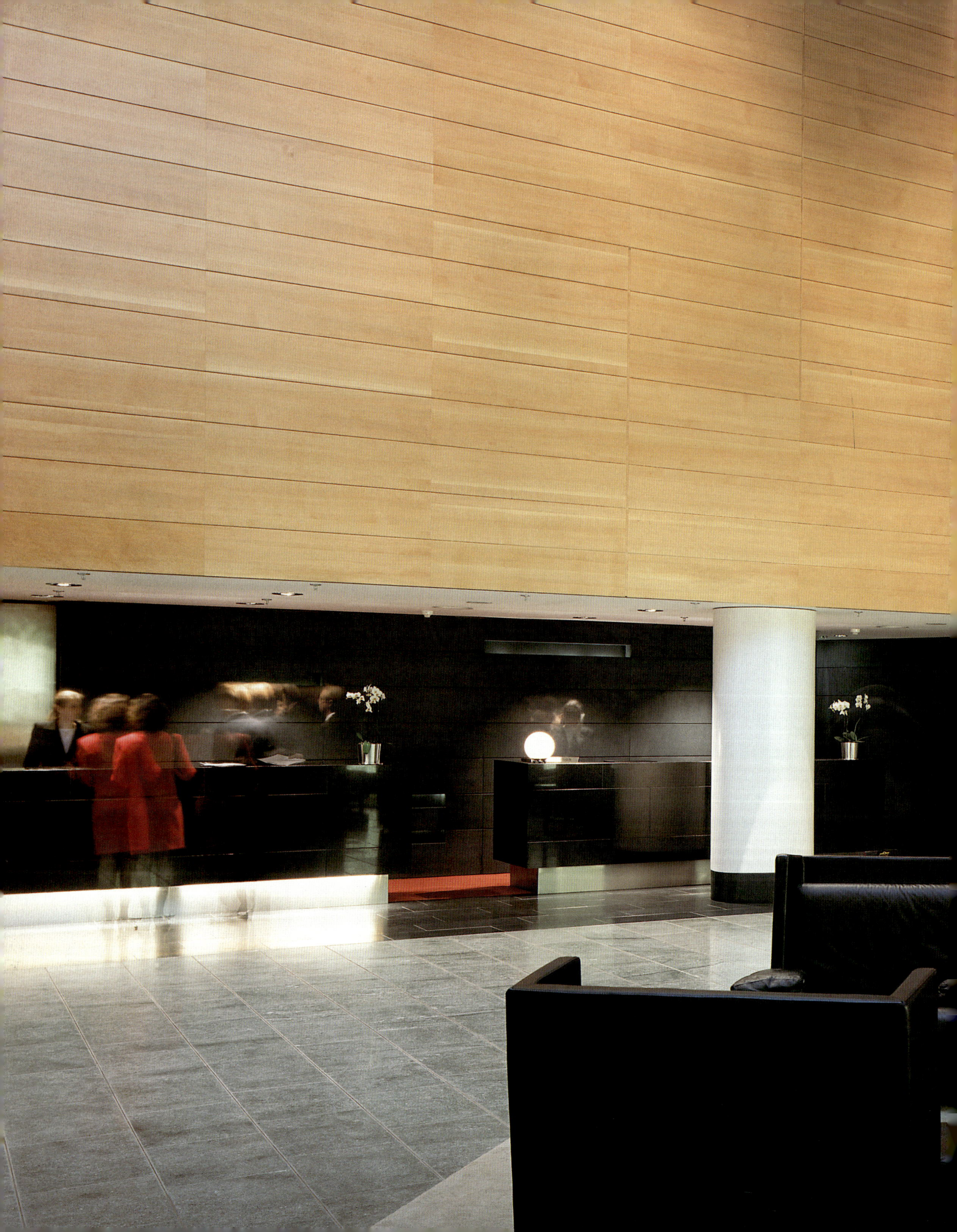

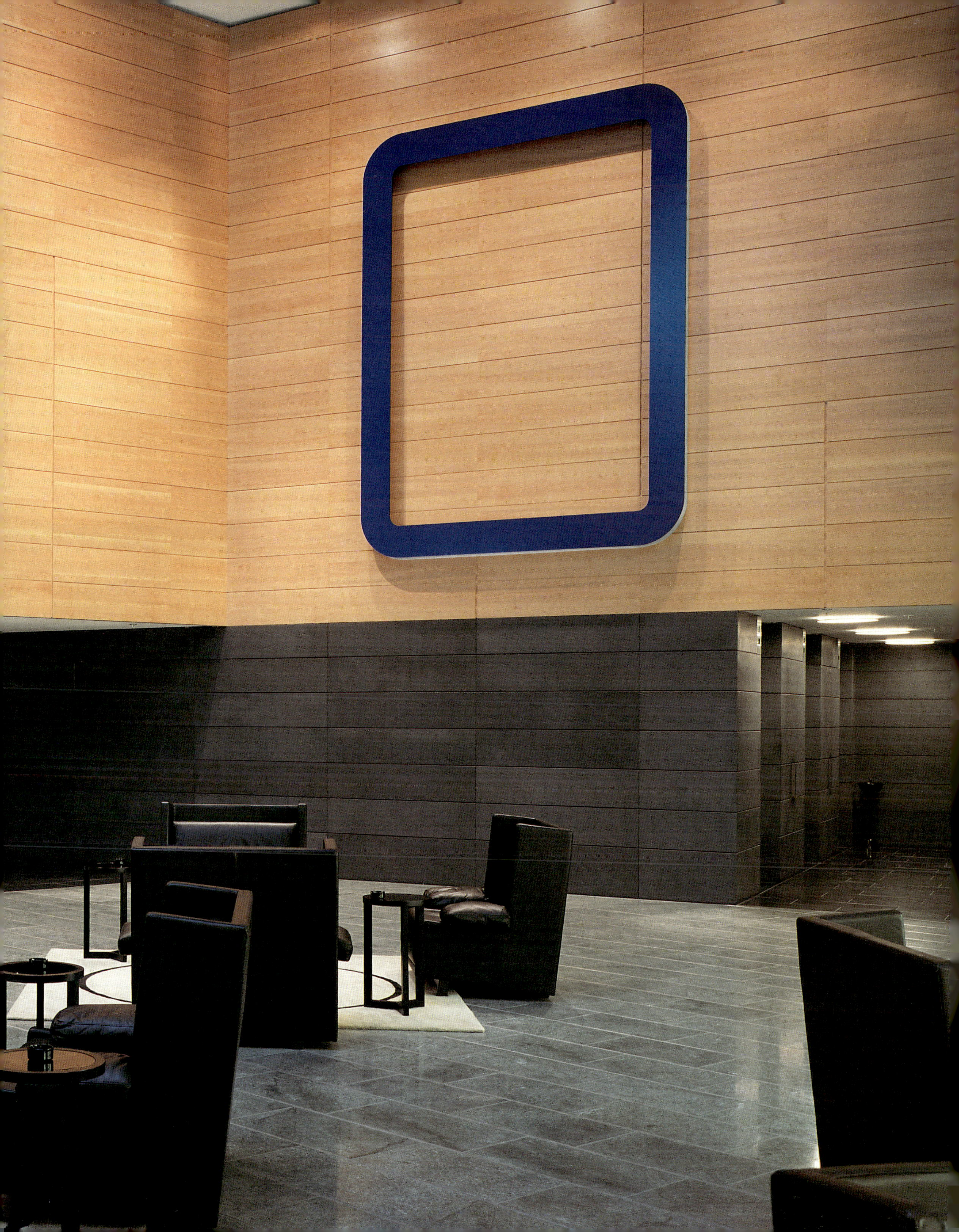

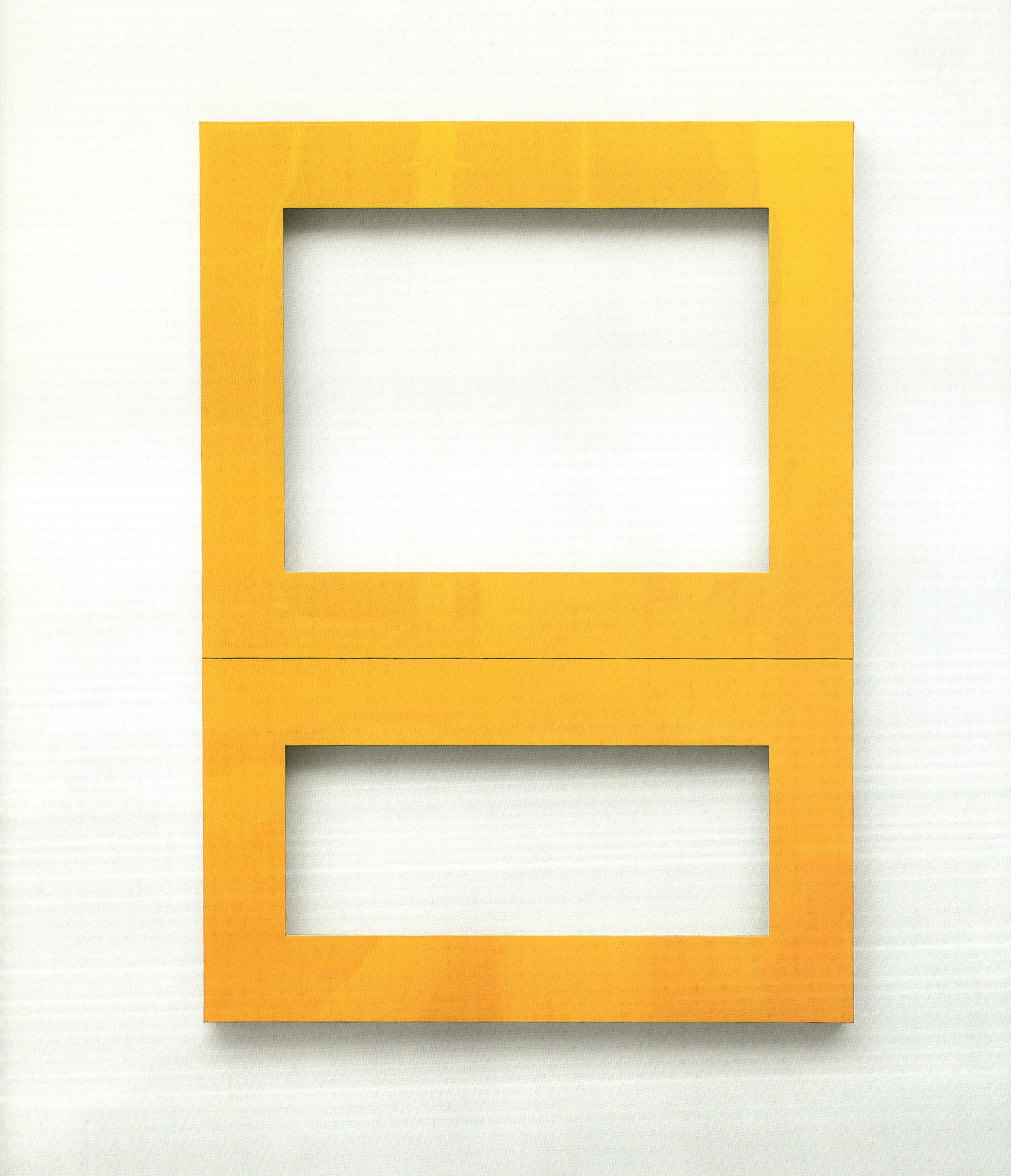

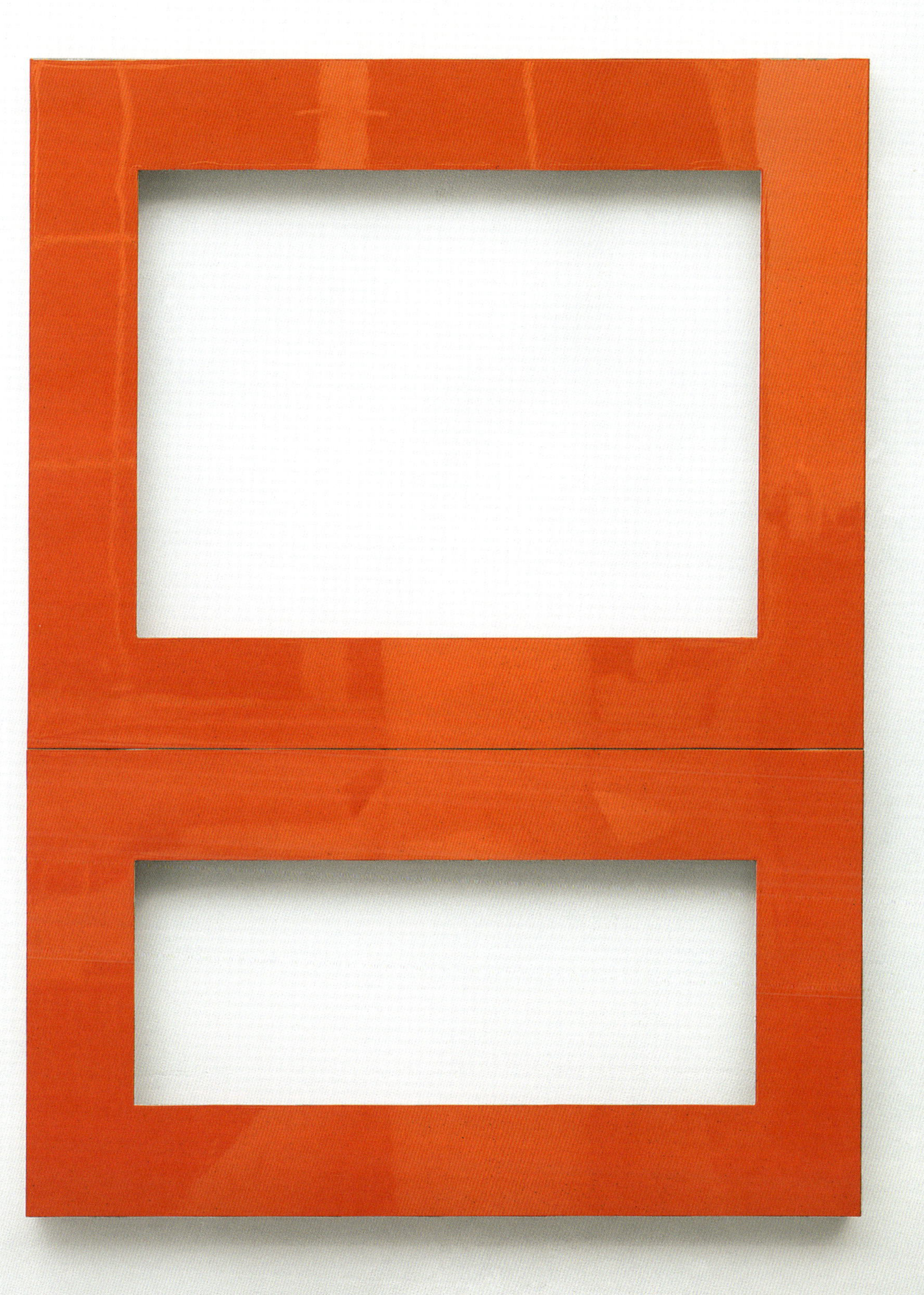

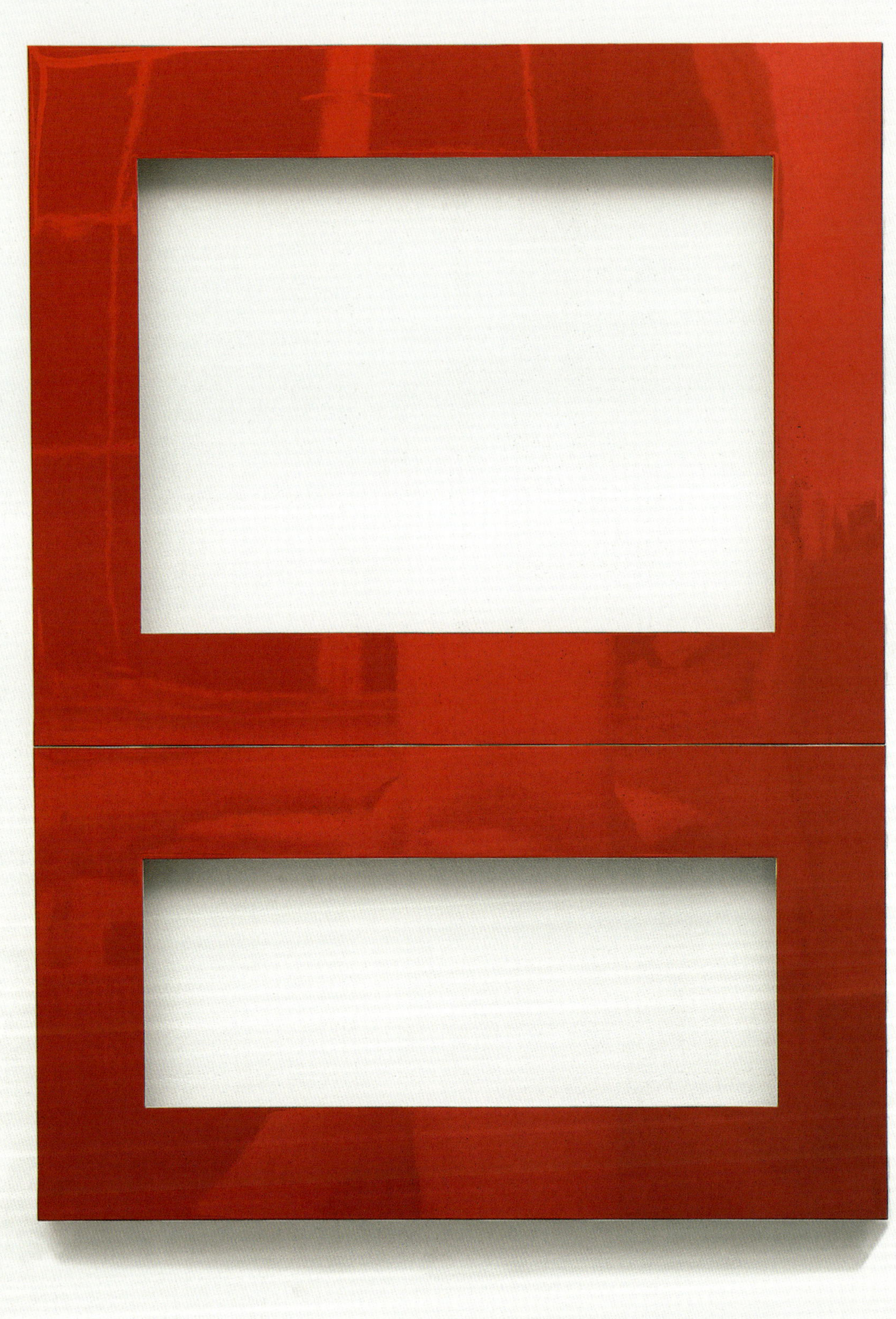

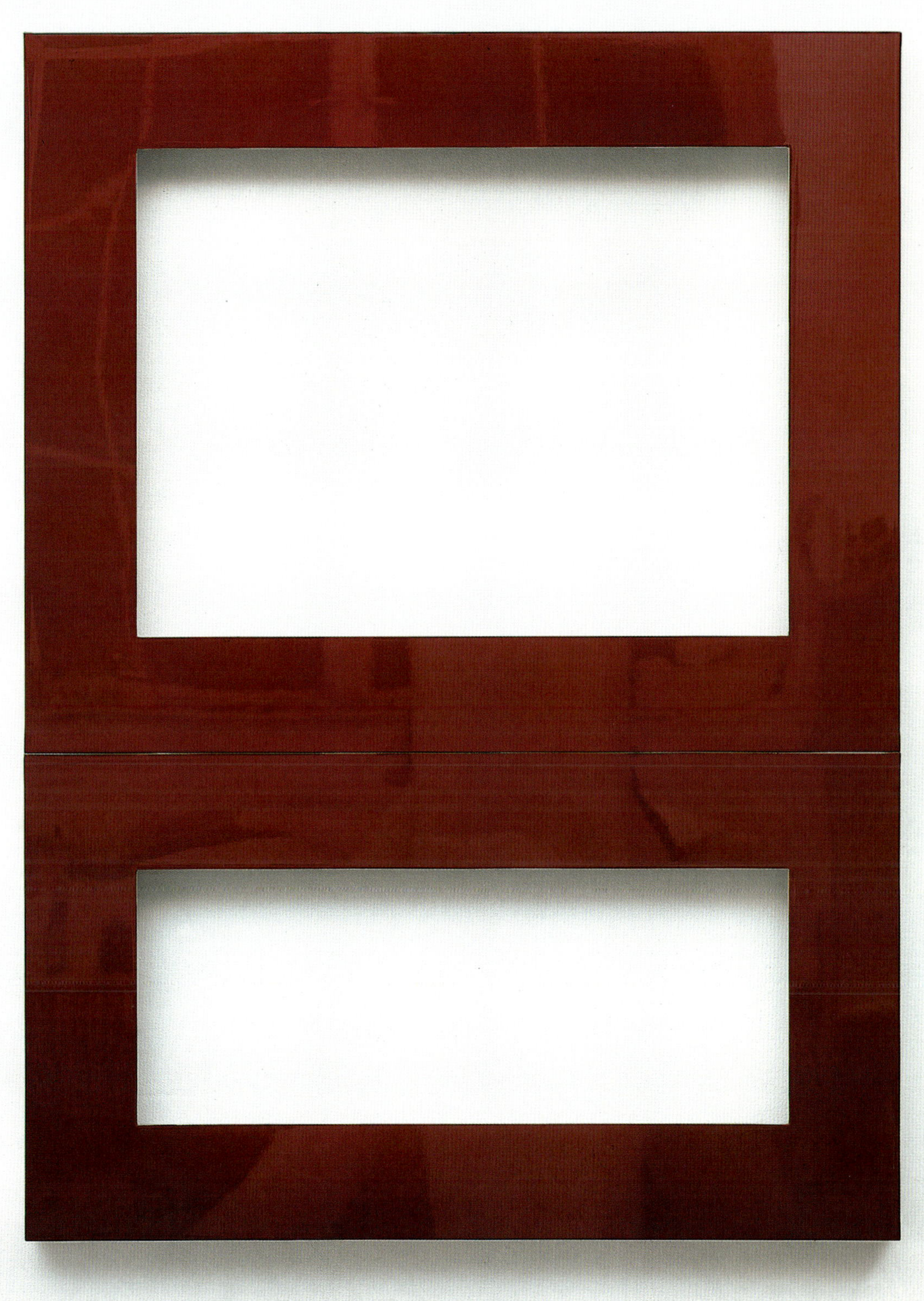

(Seite 148 – 151 / *page 148 – 151*) hard:edged 41 – 44, 2002,

Aluminium lackiert / *high-gloss painted aluminium*, je / *each* 104 x 78 x 5 cm

Biografie / *Biography*

(1961) geboren/*born* in Altshausen (1984–89) Studium der Bildhauerei an der Staatlichen Akademie der Bildenden Künste Stuttgart bei Jürgen Brodwolf/*Studies of Sculpture at the Academy of Fine Arts in Stuttgart under Jürgen Brodwolf* (1986) Akademiepreis/*Academy Prize* (1989–92) Atelierstipendium des Landes Baden-Württemberg/*Studio grant from the Land Baden-Württemberg* (1990) Stipendium der Kunststiftung Baden-Württemberg/*Grant from the Kunststiftung Baden-Württemberg* – Stipendium des DAAD für Chicago/*Grant from the DAAD for Chicago* (1991–95) Gruppe L/*Group L* (1991) Arbeitsaufenthalt in Chicago und New York/*Artist-in-residence in Chicago and New York* (1994/95) Stipendium/*Grant* Cité Internationale des Arts Paris (1998) Arbeitsaufenthalt im Miedzynarodowe Centrum Sztuki, Poznan/*Artist-in-residence in the Miedzynarodowe Centrum Sztuki, Poznan* (2001) Internationaler Bodensee-Kulturpreis/*International Bodensee-Kulturpreis* – lebt/*lives* in Berlin

Einzelausstellungen / *Solo Shows*

(1987) Galerie der Stadt Fellbach (1989) Torschlossgalerie Tettnang (1992) Galerie der Kunststiftung Baden-Württemberg (1993) Galerie im Kornhaus der Stadt Kirchheim/Teck (mit/*with* Simone Westerwinter) (1994) Kunstraum G7, Mannheim (1995) Retour de Paris, Institut Français, Stuttgart (1995/96) Bahnwärterhaus, Galerie der Stadt Esslingen (1996) Galerie Albrecht, München (mit/*with* Torie Begg) – Kunsthalle Winterthur – CBD Gallery, Sydney – Galerie Köstring/Maier, München (mit/*with* Jean-Luc Manz) (1996/97) Galerie Achim Kubinski, Stuttgart (1997) Anlagen, Städtische Galerie Altes Theater, Ravensburg – Institute of Modern Art, Brisbane – Museum am Ostwall (Studio), Dortmund – Sarah Cottier Gallery, Sydney – David Pestorius Gallery, Brisbane – Galerie Albrecht, München – Leere Versprechungen hast *Du* gesagt, Stadtgalerie Kiel – Städtische Galerie Villingen-Schwenningen (mit/*with* Simone Westerwinter) (1998) Kunstverein Bochum – Büro 2+, Nürnberg – someone else's studio, Brisbane – Galerie Anselm Dreher, Berlin (1999) ON Galeria, Poznan (mit/*with* Pietro Sanguineti) – Galerie Albrecht, München – Artspace Sydney – PS, Amsterdam (2001) PS, Amsterdam – Galerie Trabant, Wien (mit/*with* John M Armleder) – hard:edged, Galerie Anselm Dreher, Berlin – Städtisches Kunstmuseum, Singen – CCNOA, Brüssel (2002) Aschenbach und Hofland Galleries, Amsterdam (mit/*with* Jan van der Ploeg) – Galerie Anselm Dreher, Berlin – Werkraum 11, Nationalgalerie im Hamburger Bahnhof, Museum für Gegenwart, Berlin

Gruppenausstellungen (Auswahl) / *Group Shows (Selection)*

(1997) Fort! Da! Cooperations, Villa Merkel, Esslingen – M/N/W 1, Miller, Nixon, Westerwinter, Galerie Achim Kubinski, Stuttgart – M/N/W 2, Galerie Köstring/Maier, München – M/N/W 3, Galerie Lisi Hämmerle, Bregenz – Wall as Medium? David Pestorius Gallery, Brisbane – Die Sammlung, Städtisches Kunstmuseum, Singen – Stuttgarter Klima, Galerie der Stadt, Stuttgart – non-declarative colour? David Pestorius Gallery, Brisbane (1998) Hi Grieshaber!!! Miller, Westerwinter, Wulffen, Städtische Galerie in der Stiftung, Reutlingen – Ladies & Gentlemen, Cameron House, Brisbane – Agitprop, Prater Berlin – Ron Arad, Dieter Burmeister, Gerold Miller, Susann Ebert, Neumarkt – 1. Triennale für Zeitgenössische Kunst Oberschwaben, Weingarten (1999) Primary Structures, Galerie für Zeitgenössische Kunst, Leipzig – Kunst in der Stadt 3, Kunsthaus Bregenz – On Painting, SCA Gallery, Sydney – The Space Here Is Everywhere, Villa Merkel, Esslingen – dCONSTRUCTIVISM: life back into art, South Bank Corporation, Brisbane (2000) PS 1999, Archipel of Apeldoorn – Hier, Da und Dort. Internationales Kunstprojekt, Singen – Von Albers bis Paik, Sammlung DaimlerChrysler, Stiftung für Konkrete Kunst, Zürich – log. in, Nürnberg – 9½, Villa Merkel, Esslingen – MONOCHROMES, University Art Museum, University of Queensland, Brisbane (2001) White Light Art Project, Haarlem – F 2001, Armleder, Buetti, Fleury, Kosuth, Miller, Mosher, Rockenschaub, Rondinone, Walther, Zittel, DaimlerChrysler Contemporary, Berlin – Retour de Paris, Akademie Schloss Solitude, Stuttgart (2002) Minimalism and After, DaimlerChrysler Contemporary, Berlin – Geometrical affairs, Stadtgalerie Kiel, Stadtgalerie Sindelfingen – 2-step, CCNOA, Brüssel – Private/Corporate, DaimlerChrysler Contemporary, Berlin – Images Of Desire 2, red light district, Amsterdam – Berlin/London/Minimal 1, Rocket Gallery, London

Bibliografie / *Bibliography*

Werner Meyer, Katalog: Skulpturenpark Herzogin Diane, Schloß Altshausen, 1989 – Johannes Meinhardt, Katalog: Gruppe L, Kunstverein Schwetzingen, 1993 – Stephan Berg, Die Wahrheit über den Zigarettenautomaten. Zu den Arbeiten von Gerold Miller, Katalog: Widerstand - heute!?, hrsg. von Renate Damsch-Wiehager, Galerien der Stadt Esslingen, 1994 – Christoph Bauer, Vom Sinn konkreter Kunst, die Gruppe L als Einrede, Katalog: Gruppe L, Kunstmuseum Singen, 1995 – Beatrix Ruf, Zu den Arbeiten von Gerold Miller, Katalog: Gruppe L, Kunstmuseum Singen, 1995 – Renate Damsch-Wiehager, Über das Wo des Bildes, den Zigarettenautomaten im präzisierten Feld von Widerstand und das Muttermal von Cindy Crawford, S. 12–43, Brian Muller, Gerold Miller: Skulptur? Malerei? Objekt? Subjekt? Pizzaschachtel? S. 44–59, Yilmaz Dziewior, Grenzüberschreitend. Zur Bildkonstituierung im Werk von Gerold Miller, S. 60–79, Katalog: Gerold Miller, hrsg. von Renate Damsch-Wiehager, Cantz Verlag, Ostfildern, 1995 – Stephan Trüby, Die Logistik der Gefühle, Esslinger Zeitung, 28.12.1995 – Reinhard Ermen, Gerold Miller im Bahnwärterhaus Esslingen, Kunstforum, Bd. 133, 1996, S. 382–383 – Jan Winkelmann, Artist, Heft 31, 1997, S. 30–33 – Rainer Vogt, Verschlankte Dienstleistung, Schöpferische Indifferenz: Gerold Miller bei Kubinski, Stuttgarter Nachrichten, 7.1.1997 – Patricia Köstring, Stephan Maier, Kraftwerk, Achim Kubinski, Simone Westerwinter, Knut Nievers, Jan Winkelmann, Renate Damsch-Wiehager, Ali Onur, Pietro Sanguineti im Gespräch: Und sie sieht gut aus, Katalog: Stuttgarter Klima, hrsg. von Johann-Karl Schmidt, Galerie der Stadt Stuttgart, 1997 – Knut Nievers, Die Anlagen von Gerold Miller, Katalog: Gerold Miller, hrsg. von Knut Nievers, Stadtgalerie im Sophienhof Kiel, 1997 – Jan Winkelmann, Man kann sich natürlich allerhand einfallen lassen, wenn man in einen leeren Rahmen guckt! A. Kubinski, Katalog: Gerold Miller, hrsg. von Wendelin Renn, Städtische Galerie Villingen-Schwenningen, 1997 – Dunja Bialas, Gerold Miller - Auf den Hund gekommen, artEntion, Nov./Dez. 1997, S. 6/7 – Annegret Gerleit, Gummitwist und Flowerpower, neue bildende kunst, 2/98, S. 80/81 – Magdalena Lewoc, Gerold Miller, Mare Articum, No. 2–3,1998 – Katja Reissner, Varianten der Inszenierung. Gerold Miller stellt in der Galerie Anselm Dreher aus, Der Tagesspiegel, Berlin, 17.10.1998 – Anne Erfle, Die bilderlose Ausstellung. Konzeptkunst von Gerold Miller in der Galerie Albrecht, Süddeutsche Zeitung, München, 27.3.1999 – Jan Winkelmann, Katalog: Primary Structures, Galerie für zeitgenössische Kunst, Leipzig, 1999 – Renate Wiehager, Katalog: The Space Here Is Everywhere, Villa Merkel, Esslingen, 1999 – Renate Wiehager, Signalhafte Präsenz des dynamischen Raum-Bildes, über Gerold Miller, Katalog: Hier, Da und Dort, Internationales Kunstprojekt, Singen, 2000 – David Pestorius, Abstrakt, Minimal … Konzeptuell, Katalog: Gerold Miller, Kehrer-Verlag, Heidelberg, 2000 – Peter Herbstreuth, Gerold Miller in der Galerie Anselm Dreher, Kunstbulletin 3, 2001 – Renate Wiehager, Katalog: F 2001, DaimlerChrysler Contemporary, Berlin, 2001 – Stephan Maier, Re-Formimg The Future,

Katalog: Gerold Miller, Kehrer-Verlag Heidelberg, Städtisches Kunstmuseum Singen, 2001 – Christoph Bauer, Die Anschauung des Bildes präzisieren, IBC Das Kulturmagazin, N. 37, Oktober 2001 – Friederike Nymphius, Minimal and After, Katalog: DaimlerChrysler Contemporary, Berlin, 2002

Abbildungsverzeichnis / *List of Illustrations*

(Seite 7 / *page 7*) hard:edged 51, 2002, Aluminium lackiert / *high-gloss painted aluminium*, 56 x 48 x 4 cm, Sammlung Gerold Miller / *Gerold Miller collection* (Seite 11 / *page 11*) hard:edged 65, 2002, Aluminium lackiert / *high-gloss painted aluminium*, 70 x 60 x 5 cm, Sammlung Landesvertretung Baden-Württemberg / *Landesvertretung Baden-Württemberg collection* (Seite 14/15 / *page 14/15*) hard:edged 29, 2001, Aluminium lackiert / *high-gloss painted aluminium*, 260 x 285 x 10 cm, Sammlung DaimlerChrysler / *DaimlerChrysler collection* (Seite 17–19 / *page 17–19*) CCNOA Brüssel, 2001 (Seite 20/21 / *page 20/21*) ready-mix c9/c10, 1999, Aluminium eloxiert / *anodized aluminium*, je / *each* 50 x 42 x 3 cm, Sammlung U. Werz / *U. Werz collection*, Tübingen (Seite 23 / *page 23*) hard:edged 11, 2001, Aluminium lackiert / *high-gloss painted aluminium*, 70 x 60 x 5 cm, Privatsammlung / *private collection* (Seite 25 / *page 25*) hard:edged 7, 2000, Aluminium lackiert / *high-gloss painted aluminium*, 70 x 60 x 5 cm, Sammlung G. Just / *G. Just collection*, Hannover (Seite 26–29 / *page 26–29*) Galerie für Zeitgenössische Kunst, Leipzig, 1999 (Seite 30 / *page 30*) ready-mix c4, 1998, Aluminium poliert / *polished aluminium*, 50 x 43 x 3 cm, Sammlung G. Just / *G. Just collection*, Hannover (Seite 31 / *page 31*) hard:edged 36 und / *and* 37, 2002, Aluminium lackiert / *high-gloss painted aluminium*, je / *each* 70 x 60 x 5 cm (Seite 32 / *page 32*) hard:edged 39, 2002, Aluminium lackiert / *high-gloss painted aluminium*, 70 x 60 x 5 cm (Seite 34 oben / *page 34 top*) Kunsthalle Winterthur, 1996 (Seite 34 unten / *page 34 bottom*) Kunstraum G7, Mannheim, 1994 (Seite 38 / *page 38*) Stadtgalerie Kiel, 1997 (Seite 41 / *page 41*) Anlage 172, 2000, Stahl/Lack / *steel/paint*, 90 x 75 x 6 cm (Seite 42 / *page 42*) hard:edged 40, 2002, Aluminium / *aluminium*, 285 x 260 x 10 cm (Seite 43 / *page 43*) hard:edged 1–4, 2000, Aluminium lackiert / *high-gloss painted aluminium*, je / *each* 70 x 60 x 5 cm, Sammlung DaimlerChrysler / *DaimlerChrysler collection* (Seite 44/45 / *page 44/45*) Agitprop, Prater Berlin, 1998, Offsetdruck / *offset print*, DIN A2 (Seite 47 / *page 47*) Plan 1, 1999, Siebdruck auf Fliesen / *screen print on tiles*, je / *each* 15 x 15 cm, Sammlung Stadt Esslingen / *Stadt Esslingen collection* (Seite 48/49 / *page 48/49*) Plan 2, 2000, Siebdruck auf Aluminiumplatten / *screen print on aluminium panels*, je / *each* 89 x 63 x 8 cm, Sammlung Stadt Singen / *Stadt Singen collection* (Seite 51 / *page 51*) Anlage 162, 1999, Stahl/Lack / *steel/paint*, 180 x 180 x 9 cm (Seite 52 / *page 52*) Anlage 168,

1999, Stahl/Lack /*steel/paint*, 300 x 235 x 15 cm (Seite 53 / *page 53*) Anlage 169, 1999, Stahl/Lack/ *steel/paint*, 250 x 205 x 15 cm (Seite 54 / *page 54*) Präzisieren / *Stating more precisely*, 1994, 2 Aluminiumleisten / *2 aluminium strips* je / *each* 400 x 20 x 20 cm (Seite 55 / *page 55*) Präzisieren / *Stating more precisely*, 1997, 4 Aluminiumleisten / *4 aluminium strips* je / *each* 50 x 15 x 15 cm (Seite 56 / *page 56*) Anlage 37, 1994, Stahl/Lack/*steel/paint*, 60 x 62 x 3 cm, Sammlung Ebert / *Ebert collection*, Neumarkt (Seite 60 / *page 60*) Akademie der Bildenden Künste, Stuttgart, 1987 (Seite 65 oben / *page 65 top*) Städtisches Kunstmuseum, Singen, 2001 (Seite 65 unten / *page 65 bottom*) Galerie Köstring/Maier, München, 1997 (Seite 69 / *page 69*) ready-mix c23, 1999, Aluminium eloxiert/*anodized aluminium*, 60 x 52 x 4 cm, ready-mix c14, 1999, Aluminium eloxiert/*anodized aluminium*, 50 x 42 x 3 cm, Sammlung R. Handschuch/ *R. Handschuch collection*, Berlin (Seite 71 / *page 71*) ready-mix a2, 1999, Aluminium/*aluminium*, 200 x 200 x 15 cm (Seite 74 oben / *page 74 top*) Galerie der Stadt Stuttgart, 1997 (Seite 74 unten / *page 74 bottom*) DaimlerChrysler Zentrale, Stuttgart-Möhringen, 1997 (Seite 77 / *page 77*) Galerie Achim Kubinski, Stuttgart, 1996 (Seite 78 oben / *page 78 top*) Bahnwärterhaus, Galerie der Stadt Esslingen, 1995 (Seite 78 unten / *page 78 bottom*) Cameron House, Brisbane, 1998 (Seite 83 / *page 83*) Aschenbach & Hofland Galleries, Amsterdam, 2002 (Seite 86/87 / *page 86/87*) hard:edged 31, 2001, Aluminium lackiert/*high-gloss painted aluminium*, 260 x 285 x 10 cm (Seite 88 / *page 88*) hard:edged 49, 2002, Aluminium lackiert/*high-gloss painted aluminium*, 260 x 200 x 10 cm (Seite 89 / *page 89*) hard: edged 50, 2002, Aluminium lackiert/*high-gloss painted aluminium*, 260 x 200 x 10 cm (Seite 90 / *page 90*) Institut Français, Stuttgart, 1995 (Seite 91 / *page 91*) CBD Gallery, Sydney, 1996 (Seite 92 / *page 92*) Städtisches Kunstmuseum, Singen, 1995 (Seite 93 / *page 93*) Atelier, 1995, Holzmodelle für Anlagen/*wooden models for Anlagen* (Seite 95 / *page 95*) hard:edged 57, 2002, Aluminium lackiert/ *high-gloss painted aluminium*, 56 x 48 x 4 cm, Privatsammlung/*private collection* (Seite 96 / *page 96*) Anlage 2, 1991, Stahl/Lack/*steel/paint*, 120 x 240 x 14 cm (Seite 97 / *page 97*) Anlage 4, 1991, Stahl/Lack/*steel/paint*, 120 x 240 x 14 cm (Seite 98/99 / *page 98/99*) Städtische Galerie Villingen-Schwenningen, 1997 (Seite 100 / *page 100*) ready-mix c24, 1999, Aluminium eloxiert / *anodized aluminium*, 60 x 52 x 4 cm, Sammlung J. van der Ploeg/*J. van der Ploeg collection*, Amsterdam (Seite 101 / *page 101*) Anlage 60, 1995, Stahl/Lack/*steel/paint*, 47 x 43 x 2 cm, Privatsammlung/*private collection* (Seite 103 / *page 103*) hard:edged 9, 2000, Aluminium lackiert/*high-gloss painted aluminium*, 285 x 260 x 9 cm, Sammlung U. Dzhabrailov/*U. Dzhabrailov collection*, Moskau (Seite 104/105 / *page 104/105*) hard:edged 10, 2000, Aluminium lackiert/*high-gloss painted aluminium*, 260 x 570 x 9 cm (Seite 105 / *page 105*) Galerie Anselm Dreher, Berlin, 2001 (Seite 106 / *page 106*) hard:edged 32 und/*and* 33, 2002, Aluminium lackiert/*high-gloss painted aluminium*, je / *each* 140 x 120 x 10 cm, Sammlung

Gemeinde Altshausen/*Gemeinde Altshausen collection* (Seite 107 / *page 107*) Anlage 33, 1994, Stahl/Lack/*steel/paint*, 175 x 225 x 9 cm, Sammlung Gemeinde Altshausen/*Gemeinde Altshausen collection* (Seite 108 / *page 108*) Anlage 38, 1994, Stahl/Lack/*steel/paint*, 200 x 280 x 9 cm (Seite 109 / *page 109*) Anlage 39, 1994, Stahl/Lack/*steel/paint*, 200 x 280 x 9 cm (Seite 111 / *page 111*) Sammlung Ebert/*Ebert collection*, Neumarkt, 2001 (Seite 112/113 / *page 112/113*) Amazing, 1996, 4 Zigarettenkippen / *4 cigarette ends* (Seite 115 / *page 115*) Anlage 58, 1995, Stahl/Lack/*steel/paint*, 45 x 37 x 2 cm, Privatsammlung/*private collection* (Seite 116/117 / *page 116/117*) Viktor (4 Raumecken / *4 room corners*), 1996, Galerie Köstring/Maier, München (Seite 118-121 / *page 118-121*) Städtische Galerie Altes Theater, Ravensburg, 1997 (Seite 125 / *page 125*) Cass Hotel, Chicago, 1991 (Seite 126 links / *page 126 left*) Anlage 146, 1997, Stahl/Lack/*steel/paint*, 190 x 150 x 9 cm, Privatsammlung/*private collection* (Seite 126 rechts / *page 126 right*) ready-mix c8, 1999, Aluminium poliert/*polished aluminium*, 50 x 42 x 3 cm, Privatsammlung/*private collection* (Seite 128 / *page 128*) ready-mix c16, 1999, Aluminium/Lack/*aluminium/paint*, 50 x 42 x 3 cm (Seite 131 / *page 131*) Galerie Albrecht, München, 1999 (Seite 134/135 / *page 134/135*) Galerie Albrecht, München, 1997 (Seite 137 / *page 137*) ready-mix c20, 1999, Aluminium eloxiert/*anodized aluminium*, 60 x 52 x 4 cm, Privatsammlung/*private collection* (Seite 138-141 / *page 138-141*) Galerie Trabant, Wien (mit/*with* John M Armleder), 2001 (Seite 142 / *page 142*) hard:edged 61, 2002, Aluminium lackiert/*high-gloss painted aluminium*, 260 x 285 x 10 cm, Sammlung Anselm Dreher/*Anselm Dreher collection,* Berlin (Seite 143 / *page 143*) hard:edged 30, 2001, Aluminium lackiert/*high-gloss painted aluminium*, 260 x 285 x 10 cm (Seite 145 / *page 145*) Villa Merkel, Städtische Galerie, Esslingen, 1997 (Seite 146/147 / *page 146/147*) Hyatt Hotel, Berlin, ready-mix a1, 1998, Aluminium/Lack/*aluminium/paint*, 400 x 300 x 15 cm, Sammlung DaimlerChrysler/*DaimlerChrysler collection* (Seite 148-151 / *page 148-151*) hard:edged 41-44, 2002, Aluminium lackiert/*high-gloss painted aluminium*, je/*each* 104 x 78 x 5 cm

Fotonachweis / *Photography Credits*

J. Ziehe: Seiten/*pages* 7, 11, 20/21, 23, 25, 31, 32, 41, 42, 43, 51, 52, 53, 71, 86/87, 88, 89, 95, 100, 101, 107, 126, 128, 137, 142, 143, 148–151; J. Reichardt: Seiten/*pages* 14/15, 69; L. Jodgone: Seiten/*pages* 17, 18/19; H.Ch. Schink: Seiten/*pages* 26–29; R. Arend: Seiten/*pages* 30, 146/147; U. Seyl: Seiten/*pages* 34 oben/*top*, 47, 54, 56, 74, 78 oben/*top*, 90, 111, 145; Photo Renard: Seite/*page* 38; Kuhnle & Knödler: Seiten/*pages* 48/49, 65 oben/*top*; A. Barber: Seite/*page* 55; P. Köstring: Seiten/*pages* 65 unten/*bottom*, 116/117; D. Pestorius: Seite/*page* 78 unten/*bottom*; G. Hofland: Seite/*Page* 83; S. Westerwinter: Seite/*page* 91; V. Wormbs: Seiten/*pages* 96, 97; D. Wurster: Seiten/*pages* 103, 104/105; E. Fesseler: Seiten/*pages* 118–121; J. Loderer: Seite/*page* 131; Galerie Trabant: Seiten/*pages* 139, 141

Impressum / *Imprint*

Diese Publikation erscheint anlässlich der Ausstellung /
This book is published to accompany the exhibition:
(Werkraum 11) Gerold Miller. get ready
in der / *in the* Nationalgalerie im Hamburger Bahnhof,
Museum für Gegenwart – Berlin
vom 21. September bis 10. November 2002 /
from September 21 to November 10, 2002.

Ausstellungskonzeption und -organisation /
Exhibition concept and organisation:
Gerold Miller und / *and* Eugen Blume

Projektassistenz / *Project assistant*: Michael Lailach

Sekretariat / *Secretary*: Marita Henkel

Konservatorische Betreuung /
Conservation: Johannes Noack

Ausstellungsarchitektur und -aufbau /
Exhibition architecture and construction:
Rommel, Berlin

Dank an / *Thanks to*:
OEW
Landesvertretung Baden-Württemberg,
Galerie Anselm Dreher
und an alle Leihgeber / *and to all lenders.*

S | M
P | K

Herausgeber / *Editor*: Staatliche Museen zu Berlin
– Preußischer Kulturbesitz

Übersetzung / *Translation*: Michael Robinson

Gestaltung und Gesamtherstellung /
Design and production:
Kehrer *com* Heidelberg (Christina Dinkel)

Verlagslektorat / *Proofreading*: Katrin Zuschlag

Die Deutsche Bibliothek – CIP-Einheitsaufnahme:
Gerold Miller. get ready : [anlässlich der Ausstellung:
(Werkraum 11) Gerold Miller. Get Ready, in der Nationalgalerie
im Hamburger Bahnhof, Museum für Gegenwart, Berlin
vom 21. September bis 10. November 2002] / [Hrsg.:
Staatliche Museen zu Berlin - Preußischer Kulturbesitz.
Texte: Eugen Blume ... Übers.: Michael Robinson]. -
Heidelberg : Kehrer, 2002

ISBN 3-933257-88-3
(Buchhandelsausgabe / *Trade version*)

ISBN 3-933257-95-6
(Ausstellungsausgabe / *Exhibition version*)

Kehrer Verlag Heidelberg